Basiswissen Pädagogik

Aktuelle Schulkonzepte

Band 1

Neue Schulkultur

Herausgegeben von

Hans Döbert / Christian Ernst

Schneider Verlag Hohengehren GmbH

Umschlaggestaltung:
Regina Herrmann, 73666 Baltmannsweiler

Die Deutsche Bibliothek – CIP-Einheitsaufnahme

Basiswissen Pädagogik : aktuelle Schulkonzepte / hrsg. von Hans Döbert und Christian Ernst. – Baltmannsweiler : Schneider-Verl. Hohengehren
ISBN 3-89676-468-3

Bd. 1. Neue Schulkultur. – 2001
ISBN 3-89676-462-4

Printed in Germany. Druck: Frech, Stuttgart

Inhaltsverzeichnis

Band I: Neue Schulkultur

Einführung: Neue Schulkultur 1

Horst Wollenweber:
Konturen einer zeitgemäßen Bildung 8

Internetanschluss schafft noch keine Bildung 8

Plädoyer für den erziehenden Unterricht 9

Zeitgemäßes Allgemeinbildungskonzept ist gefragt . . 13

Den Fachunterricht weiterentwickeln 14

Lernprozesse im zukunftsfähigen Unterricht 17

Gerhard de Haan / Dorothee Harenberg:
Bildung für nachhaltige Entwicklung –
Das Leben im 21. Jahrhundert gestalten
lernen. 20

Zielsetzung: Das Leben im 21. Jahrhundert gestalten lernen 22

Bildung und Kompetenzen in der Wissensgesellschaft 24

Von der traditionellen Umweltbildung zur Bildung für nachhaltige Entwicklung 27

Gestaltungskompetenz – ein komplexes Bildungsziel 28

Zukunftsfähige Bildung: Nachhaltige Entwicklung und Schulqualität 36

Hans Döbert:
Neue Lern- und Lehrkultur – Diskussionen und Entwicklungen 44

Von der Notwendigkeit eines Umdenkens in Bezug auf den Unterricht 46
Internationale Entwicklungen 48
Erfahrungen neuer Lern- und Lehrkultur an deutschen Schulen 53
Umdenken auch bei der Unterrichtsgestaltung 58

Joachim Thoma:
Neue Medien in der Schule 62

Medienerziehung als Unterrichtsprinzip 62
Kinder und Jugendliche in der Mediengesellschaft . . 64
Medien in der Schule 66
Auch selbstverständlich: soziales Lernen und neue Medien 69
So kommt die Schule ans Netz 70
Neue Medien bieten neue Chancen 74
Neue Medien in einer neuen Schule? 77

Pit Spieß:
Der Brandenburgische Wettbewerb „Innovative Schulen stellen sich vor“ als Beitrag zu einer Personal- und Qualitätsentwicklung in Schulen 79

Zur Durchführung des Wettbewerbs „Innovative Schulen“ 79
Warum führen wir einen solchen Wettbewerb durch? 88
Ziel des Wettbewerbs: Qualitäts- und Personalentwicklung 89

Christian Ernst:
Schulentwicklung in Berlin 92

Berliner Bildungslandschaft 93

Modellversuch der Schulen in erweiterter Verantwortung 94

Modellprojekt der Schulen in erweiterter Verantwortung 96

Grundschulreform 2000 98

Schulprogrammentwicklung und Evaluation 99

Schulentwicklung zu Beginn des neuen Jahrzehnts . . 100

Gerhard Hüfner / Klaus Wenzel:
Schulentwicklung in Bayern: „Schule gestalten“ – „Schulen auf den Weg“ (?) 104

Vorläufer der Schulentwicklung in Bayern 104

Der Schulversuch „Schule gestalten“ 105

Die Initiative „Schulinnovation 2000“ 112

Zusammenfassende Bewertung 121

Hans-Peter Füssel:
Einzelschule, Schulgesetzgebung und Schulaufsicht 126

Staatliche Kompetenzen in Bezug auf die Schule . . . 128

Das überwiegende Verständnis von Schulaufsicht . . . 130

Überblick über schulgesetzliche Regelungen 134

Christoph Burkard:
Wohin steuert die Schulaufsicht? Perspektiven der Schulaufsichtsentwicklung 140

Ausgangspunkt: Selbständige Schulen brauchen eine veränderte Schulaufsicht 141

Aufgaben der Schulaufsicht 145

Entwicklungsprobleme der Schulaufsicht 146

Prämissen einer veränderten schulaufsichtlichen Steuerung 155

Kontraktmanagement mit der Schulleitung 159

„Metaevaluation“ des Qualitätsmanagements von Schulen 161

Externe Evaluation der Arbeit von Schulen 163

Arbeit mit Schulnetzwerken 165

Schulaufsichtsentwicklung braucht Zeit 167

Botho von Kopp:
Qualität von Schule in Japan: Der Preis des Erfolgs, Krisenbewusstsein und Reformwille . . . 172

Reformbedarf eines erfolgreichen Modells 172

Schulprobleme als Krisensymptom 176

Reformthemen 181

Ausblick 188

Grundlagenliteratur 194

Sachwortverzeichnis 196

Autoren 199

Inhaltsverzeichnisse der weiteren Bände 201

Einführung: „Aktuelle Schulkonzepte" – Neue Schulkultur

In Erziehungswissenschaft und Pädagogik liegen zahlreiche Lexika, Wörterbücher, Handbücher oder sonstige Nachschlagewerke zu schulpädagogischen Inhalten vor. Sie unterscheiden sich zwar hinsichtlich Adressaten, Inhalt, pädagogischem Ansatz und Struktur voneinander, doch haben sie alle den vordringlichen Zweck zu informieren, was zu einem bestimmten Stichwort oder Sachverhalt Grundlegendes wie Weiterführendes mit Blick auf die Schule zu sagen ist.

Nun liegen auf Anregung des Schneider-Verlags im Rahmen der Buchreihe „Basiswissen Pädagogik" sechs Bände zu „Aktuellen Schulkonzepten" vor, deren hauptsächlicher Zweck es demgegenüber ist, wesentliche aktuelle Erkenntnisse und Entwicklungen in Erziehungswissenschaft und Pädagogik zur Schule wissenschaftlich fundiert in ihrem pädagogischen Anspruch und in ihrer Bedeutung für die Schulpraxis zu entfalten. Diese aktuelle überblicksartige Einführung in Konzepte, Probleme und Erfahrungen gegenwärtiger Schulentwicklung ist auf die Darbietung und Erhellung in der Öffentlichkeit zunehmend nachgefragter pädagogischer Tatbestände gerichtet.

Viel hat sich gerade im Bereich der Schulentwicklung in den letzten Jahren getan. Nicht nur neue Begriffe wie „Public-Private-Partnership", „Fundraising", „Schulfirmen" oder bekannte Begriffe in neuem Gewand wie „Leitbild", „neue Lehr- und Lernkultur" haben in die Schulentwicklung Eingang gefunden. Mit ihnen sind zugleich neue pädagogische Fragestellungen und Denkweisen entstanden. Ihre Verwendung war und ist – nicht zuletzt auch wegen eines überwiegend auf „Insider" konzentrierten Kontextverständnisses – nicht selten mit Verkürzungen, Vereinfachungen und Missverständnissen verbunden. Unter Praktikern, Lernenden und Studierenden sowie in der pädagogisch interessierten Öffentlichkeit besteht somit ein sichtbares Bedürfnis nach thematisch zwar relativ breit angelegten, dennoch in zusammenhängenden Inhaltskomplexen dargebotenen Informationen über diese neueren Entwicklungen und Konzepte zur Schule. Die vorliegenden Bände wollen daher Überblick, Querschnitt und Vertiefung in leicht zugänglicher, handlicher und verständlicher Form in einem bieten. Es lag dabei sowohl in der Absicht der Herausgeber als auch der einzelnen Autoren, eine Balance zwischen dem grundlegenden, bleibenden Bestand der Pädagogik in Bezug auf die Schule einerseits und neueren erziehungswissenschaftlichen Erkenntnissen und schulpraktischen Entwicklungen andererseits herzustellen.

Eine auch nur einigermaßen umfassende Darstellung aktueller schultheoretischer und schulpraktischer Erkenntnisse und Entwicklungen in ihren vielfältigen und komplexen Aspekten, Bezügen und Handlungsfeldern kann heute kaum, auch nicht in sechs Bänden geleistet werden. Die sechs Bände sind daher vor allem als Versuch gedacht, die ungewöhnlich breiten und vielschichtigen Diskussionen und Entwicklungen im Schulbereich zu strukturieren und zu einem Wissensfundus zusammenzustellen. In manchen Teilbereichen ging es auch darum, ein gewisses „Grundlagenwissen" erst einmal ansatzweise zu sichern. Die Herausgeber haben sich bemüht, Überschneidungen zwischen den thematischen Teilbereichen in den sechs Bänden zu begrenzen. Da aber jeder Band für sich sowie die sechs Bände insgesamt Einblicke in die differenzierten schulpädagogischen Tätigkeitsgebiete vermitteln, „neue Wege" von Schulen im nationalen wie im internationalen Rahmen beschreiben sowie explizite Auskunft über entsprechende Forschungen geben sollen, konnten diese Überschneidungen auch im Interesse des Überblicks für die Leser/-innen nicht völlig vermieden werden.

Die große Heterogenität der Gegenstände sowie der Basischarakter der Darstellung ließen es nicht zu, die einzelnen Ansätze und Entwicklungen in ihrer Genese und in ihren jeweiligen historischen Bezügen, in ihren personalen, schulspezifischen, nationalen und internationalen Zusammenhängen zu entfalten. Hierzu muss auf anderweitige ausführlichere Veröffentlichungen verwiesen werden. In der Regel findet sie der Leser bzw. die Leserin in den Literaturverzeichnissen der einzelnen Beiträge. Gleichfalls wird mancher interessierte Nutzer der „Aktuellen Schulkonzepte“ grundlegende Informationen etwa zur Struktur des Schulwesens in den deutschen Bundesländern oder in anderen europäischen Staaten, zu den einzelnen Schulformen bzw. -arten sowie zu Standardbegriffen o. Ä. vermissen. Die sechs Bände setzen ein gewisses Maß an Kenntnissen voraus. Um an solchen Informationen interessierten Lesern diese leichter zugänglich zu machen, ist ein Verzeichnis ausgewählter grundlegender Literatur zu Schule und Schulpädagogik aufgenommen worden. Es befindet sich am Ende jedes Bandes. Damit das Überschauen der Zusammenhänge erleichtert, die innere Verbindung der einzelnen Beiträge sichtbarer und die Nutzbarkeit der Bände erhöht wird, wurde ein Sachwortverzeichnis aufgenommen. Die Sachworte sind allerdings auf grundlegende und praxisorientierte Begriffe beschränkt.

In die Beiträge der einzelnen Autoren sind ungeachtet des Bemühens um Objektivität subjektive Stellungnahmen und Urteile eingegangen. Diese wie auch die inhaltlichen Aussagen in den Beiträgen verantworten die jeweiligen Autoren selbst. Die Herausgeber haben darauf verzichtet, abweichende Darstellungen oder Urteile einander anzugleichen. Ebenso wurde keine sprachliche und stilistische Einheit angestrebt, zumal die Bände auch durch die verschiedenen inhaltlichen und stilistischen „Handschriften“ der Beiträge gewinnen dürften.

Es gibt verschiedene Möglichkeiten, sich dem erziehungswissenschaftlichen und pädagogischen Themenfeld Schule zu nähern. Die Herausgeber haben sich bei den in Rede stehenden sechs Bänden der „Aktuellen Schulkonzepte“ für einen inhaltlichen Zugang entschieden, der möglichst breit das gegenwärtige Diskussions- und Entwicklungsspektrum in und um Schule umfassen sollte. Die Beiträge in den sechs Bänden wurden daher um die folgenden Themenbereiche versammelt: Neue Schulkultur, Finanzierung und Öffnung von Schule, Schulen in staatlicher und freier Trägerschaft, Schulen mit besonderem pädagogischen Profil, Flexibilisierung von Bildungsgängen sowie Schule und Qualität. Der vorliegende Band „Neue Schulkultur" beleuchtet die Thematik aus der Perspektive von zehn Beiträgen. Das Bemühen der Autoren war es, neben nationalen auch internationale Trends zu berücksichtigen.

Leitbildern einer zeitgemäßen Bildung gehen WOLLENWEBER und DE HAAN / HARENBERG in ihren Beiträgen nach. Der eine skizziert Konturen einer zeitgemäßen Bildung, die anderen begründen ihr Konzept einer Bildung für nachhaltige Entwicklung aus dem Diskussionsprozess im Nachgang zum Abschlussdokument der so genannten Rio-Konferenz der Vereinten Nationen, der Agenda 21. WOLLENWEBERS Plädoyer eines erziehenden Unterrichts in der Informationsgesellschaft rekurriert auf die Vermittlung fachwissenschaftlicher Zugangsweisen unter Einbeziehung von Lern- und Arbeitstechniken als methodischer Kompetenz sowie einer Wertorientierung gleichermaßen. Die Verbindung von Wissen, Werten und Handeln schafft die Grundlagen zur Ausbildung der Selbständigkeit und zur Entfaltung der Persönlichkeit bei Lernenden. Das Prägen einer neuen Schulkultur erfordert zudem eine Verständigung über eine zeitgemäße Allgemeinbildung, fokussiert den Blick auf die Weiterentwicklung des Fachunterrichts und die Lernprozesse im zukunftsfähigen Unterricht. Die pädagogische Zielsetzung, das Leben im 21. Jahrhundert gestalten zu lernen, erfordert nach DE HAAN / HARENBERG vorrangig den Erwerb von Gestaltungskompetenz als Fähigkeiten, Fertigkeiten und Wissen, die Veränderungen im Bereich ökonomischen, ökologischen und sozialen Handelns möglich zu machen. Damit zeigt sich Gestaltungskompetenz als ein komplexes Bildungsziel mit den Teilkompetenzen des vorausschauenden Denkens, von Kenntnissen und Fähigkeiten im Bereich von Zukunftsszenarien und -entwürfen, der Fähigkeit zu interdisziplinären Herangehensweisen bei Problemlösungen und Innovationen, einer Vernetzungs- und Planungskompetenz, aber auch der Fähigkeit zu Solidarität, Kooperation, Motivation und distanzierter Reflexion.

Diskussionen und Entwicklungen einer neuen Lehr- und Lernkultur zeichnet DÖBERT in seinem Beitrag nach. Veränderte Rahmenbedingungen legen die Notwendigkeit eines Umdenkens im Hinblick auf hergebrachte Schulkultur nahe. Symptome des Wandels hin zu einer neuen Schulkultur sind ebenso im Ausland aufzeigbar. Trends der internationalen Entwicklung sind eine Verstärkung des Praxisbezugs und der Qualitätssicherung. In der aktuellen Diskussion um eine neue Lern- und Lehrkultur steht unverändert die Frage im Vordergrund, wie diese praxiswirksam umgesetzt werden kann. Zweifellos wird die Antwort auf diese Frage auch auf der Ebene der Unterrichtsgestaltung ansetzen müssen. Ein zentrales Element einer veränderten Unterrichtsgestaltung greift der Beitrag von THOMA auf, der Medienerziehung als Unterrichtsprinzip ausweist. Die Vielschichtigkeit der Medienerziehung wird in dem Beitrag herausgearbeitet sowie die Chancen neuer Medien für Schule und Unterricht dargelegt.

Innovationen als Bestandteil einer neuen Schulkultur und Möglichkeiten, Innovationen in Schulen anzuregen, geht SPIEß in seinem Beitrag nach. Vorgestellt wird der brandenburgische Wettbewerb „Innovative Schulen stellen sich vor“. Der Wettbewerb zeigt sich gleichsam als Beitrag zu einer Personal- und Qualitätsentwicklung in Schulen Brandenburgs. Beiträge zur Schulentwicklung in Berlin und in Bayern zeichnen den Werdegang der Bemühungen nach, Rahmenbedingungen für die erweiterte Verantwortung der Einzelschule zu schaffen, damit pädagogische Innovationen vor Ort nicht nur umgesetzt, sondern auch entschieden werden können. Die Berliner Situation wird geprägt durch eine Reihe von Modellprojekten und Reformen, um Schulentwicklung auch im Sinne einer neuen Schulkultur zu implementieren. Der Beitrag von ERNST geht auf das Modellprojekt der Schulen in erweiterter Verantwortung, einschließlich des gleichnamigen durch die Bund-Länder-Kommission für Bildungsplanung und Forschungsförderung unterstützten Modellversuchs ein, die Grundschulreform 2000 sowie ein Vorhaben zur Schulprogrammentwicklung als Instrument der Qualitätsverbesserung von Unterricht und Erziehung. HÜFNER und WENZEL dokumentieren anhand des Schulversuchs „Schule gestalten“ und der Initiative „Schulinnovation 2000“ Stationen der Schulentwicklung in Bayern.

Neue Schulkultur, insbesondere in Verbindung mit einer erweiterten Eigen- bzw. Selbständigkeit der Einzelschule stellt FÜSSEL in Zusammenhang mit einer Diskussion um schulrechtliche Grundsatzfragen. Das Verständnis von Schulaufsicht erhält eine herausgehobene Bedeutung in der Darstellung. Perspektiven der Schulaufsichtsentwicklung werden auch im Beitrag von BURKARD unter der Fragestellung, wohin steuert die Schulaufsicht, aufgezeigt. Sein Ausgangspunkt, dass selbständige Schulen eine veränderte Schulaufsicht benötigen, wird fortgeführt in einer Situationsanalyse der Entwicklungsprobleme von Schulaufsicht zu den Prämissen einer veränderten schulaufsichtlichen Steuerung mit ihren Aufgabenbereichen.

Dass das Ringen um eine neue Lern- und Lehrkultur gegenwärtig auch im Ausland zu den aktuellen Themen gehört, erläutert VON KOPP in seinem Beitrag zu den Reformbemühungen des japanischen Bildungswesens. Der Reformbedarf eines bisher erfolgreichen Modells, Schulprobleme als Krisensymptom, die zentralen Reformthemen der Qualität von Schule und Bildung sowie sich abzeichnende Perspektiven werden thematisiert. Die Hauptthemen der Schul- und Bildungsreform in Japan stehen stellvertretend und zusammenfassend für die Kernprobleme einer neuen Schulkultur: Dezentralisierung und Deregulierung, Flexibilisierung und Individualisierung, Qualifikationsanforderungen, Stärkung marktwirtschaftlicher Elemente und Prinzipien.

Wenn die „Aktuellen Schulkonzepte“ und insbesondere der Band „Neue Schulkultur“ zu einem nützlichen Handbuch für Studium, Schulpraxis und interessierte Öffentlichkeit werden, dann gebührt das Verdienst daran in erster Linie den Autorinnen und Autoren aus Praxis, Verwaltung und Wissenschaft. Ihnen gilt der besondere Dank der Herausgeber.

Ohne die tatkräftige und verlässliche Mitarbeit von Frau Heike Balzer, Berlin, hätte diese Publikation so rasch nicht druckreif vorgelegen. Auch ihr danken wir sehr herzlich.

Berlin, im Mai 2001

Hans Döbert
Christian Ernst

HORST WOLLENWEBER

Konturen einer zeitgemäßen Bildung

Internetanschluss schafft noch keine Bildung

Drei Jahre ist es her, als der damalige Bundespräsident Roman Herzog mit einer aufrüttelnden Rede den „Aufbruch in der Bildungspolitik“ eingefordert und verlangt hat, Bildung müsse in unserem Land zum „Megathema“ werden, wenn wir uns in der Wissensgesellschaft des neuen Jahrhunderts behaupten wollen. Seither ist einiges in Bewegung gekommen: Politiker aller Parteien fordern eine „Bildungs- und Qualifizierungsoffensive“. Bildungsmessen und Foren standen unter den anspruchsvollen Titeln „Schule macht Zukunft“ bzw. „Wissen schafft Zukunft“. Ins Auge springen die Initiativen, die darauf zielen, Computer in die Schulen und alle Schulen sowie alle Klassen ans Netz zu bringen. Der Laptop möglichst in der Hand einer jeden Schülerin und eines jeden Schülers soll so rasch als möglich folgen. Entschlossenes Handeln wird angekündigt. Der derzeitige Präsident der Ständigen Konferenz der Kultusminister (KMK) Willi Lemke meinte jüngst, „die mediale Revolution werde der entscheidende Faktor sein, der Lehren und Lernen der Zukunft bestimmen“ werde. So manche Vision will uns glauben lassen, dass im pädagogischen und didaktischen Gemäuer von Schule schon bald kein Stein auf dem anderen bleiben wird und Lehrer/innen als Wissensvermittler von den neuen Medien verdrängt und nur noch als Moderatoren und Moderatorinnen von Lernprozessen gebraucht werden. Der weit verbreitete Optimismus, die Informationsgesellschaft werde all die Probleme lösen, an denen wir heute laborieren, macht es angeblich notwendig, sich rasch darauf einzustellen, um Zukunft nicht zu versäumen. Jedes Zögern würde, so wird suggeriert, zu einer neuen Bildungskrise führen, die viel verheerender sei als alles, worüber bislang im Blick auf die Schule geklagt wurde. „Schulen ans Netz“ erscheint vielen vor diesem Hintergrund als der wichtigste Teil der geforderten Bildungsoffensive. Mit einem Internetanschluss ist es indes nicht getan. Die nachdrückliche Forderung nach Berücksichtigung der neuen Technologien im Unterricht erfordert eine gründliche inhaltliche Auseinandersetzung, wenn Schule nicht rein funktionalistisch auf die von vielen Initiativen geforderten informations-technologischen Anforderungen reagieren will. Welche Auswirkungen hat die Informationsgesellschaft auf Arbeitswelt und Beruf, auf den privaten Bereich und die öffentliche, d. h. auch politische Kommunikation? Wo liegen die Chancen und Gefahren bzw. Belastungen der zunehmenden Verbreitung der neuen Informationstechnologien? Auf welche Lebensbedingungen soll die Schule konkret vorbereiten, welche Ziele und Inhalte soll sie vermitteln, welche Haltungen ausprägen helfen? Die Beantwortung dieser Fragen muss in den Kontext des Bildungs- und Erziehungsauftrages der Schule, in die überfällige Auseinandersetzung über eine zeitgemäße Allgemeinbildung gestellt werden.

Plädoyer für den erziehenden Unterricht

Die Entwicklung der Informationstechnologien ist zweifellos ein Motor für die Zukunft einzelner Wirtschaftsbranchen und ganzer Wirtschaften. Die Globalisierung und das Internet können Menschen zusammenbringen, die nie zuvor Kontakt hatten. Die universelle Form der Kommunikation per Internet wirkt aber gleichwohl wenig gemeinschaftsfördernd. Die deutlich steigende Fülle an Informationen erfordert um so mehr Orientierungshilfen, gründliches Denken und Urteilskraft. Initiativen wie „Schulen ans Netz“ haben nur dann ihre Berechtigung, wenn sie eingebettet werden in den zwingend gebotenen übergreifenden Auftrag der Schule, ihren Beitrag zur Bildung der Persönlichkeit zu leisten, damit der junge

Mensch in unserer pluralen Gesellschaft Ambivalenzen erkennen und aushalten sowie seinen Standort finden kann, die Lebenswelt selbstbestimmt zu erschließen und verantwortungsbewusst in ihr zu handeln vermag. Diese Zielsetzung schließt die Forderung ein, bei den Schülerinnen und Schülern die Einstellung zu fördern, für ihre Lernfortschritte auch verantwortlich zu sein und den Prozess von der „Fremdbestimmung" des Lernens zur zunehmenden Selbstformung und „Selbstbildung" als das entscheidende Element von Bildung zu verstehen. Der Ort, an dem diese Prozesse angeleitet und unterstützt werden, ist *„erziehender Unterricht"*. Als programmatischer Begriff will er die erziehende Aufgabe als ausdrückliches Ziel des Unterrichts hervorheben und zugleich unterstreichen, dass Einstellungen und Haltungen in einem anspruchsvollen, gut strukturierten Unterricht, der die aktive Beteiligung der Lernenden herausfordert, besonders gut erworben werden kann. Im „erziehenden Unterricht" gehören die Vermittlung fachlichen Wissens, die Ausbildung von Fähigkeiten und Fertigkeiten und die Förderung reflexiver Urteils- und Entscheidungsfähigkeit zusammen. Der erziehende Unterricht fordert für den Schüler die fürsorgliche Begleitung von Erziehungsprozessen im Unterricht ein, die letztlich dem Ziel der Selbständigkeit und Selbstbildung, der Förderung von Urteilsfähigkeit und Verantwortungsbereitschaft, von Selbstbestimmung und Selbstbeschränkung dienen.

Die sich aus diesem Ansatz ergebenden Gestaltungselemente des Unterrichts können hier nicht entfaltet werden. Eine knappe aspekthafte Konturierung muss genügen:

- Erziehender Unterricht ist auf die fachwissenschaftlichen Zugangsweisen zum Verstehen der Welt verwiesen. Er achtet auf die Erreichung der fachlichen Ziele und stellt diese zugleich in den Horizont ihrer Bedeutsamkeit für menschliche Lebens- und Weltgestaltung. Ein so verstandener Unterricht hat die Eigenart und Begrenztheit der Fächer wie die Art ihrer Beziehungen zueinander deutlich zu machen.

- Erziehender Unterricht bedeutet, dass Wertorientierung Prinzip eines jeden Fachunterrichts ist, der die verstehende Einführung in und Auseinandersetzung mit tradierten Wertkonzepten enthält, an Beispielen und Vorbildern die Vielfalt menschlicher Wertentscheidungen erfahrbar macht und Hilfen bei der Suche nach individuellem Lebenssinn leistet.
- Erziehender Unterricht führt über die Vermittlung von Kenntnissen hinaus zu fachlich differenzierten Erkenntnissen und ermöglicht durch die reflexive Auseinandersetzung des Lernenden mit den Gegenständen bzw. Ergebnissen der unterrichtlichen Arbeit Werturteile zu bilden und diese gegebenenfalls in Bezug zu eigenem Handeln zu setzen.
- Erziehender Unterricht, der den jungen Menschen Zugänge zum Verständnis der Welt eröffnet, macht es notwendig, den lehrgangsorientierten Unterricht, dessen vorrangige Zielsetzung in der Vermittlung von Kenntnissen und Fertigkeiten liegt, zugunsten von Unterrichtsformen zu relativieren, die verstärkt den Schülerinnen und Schülern die Möglichkeit bieten, eigene Fragen und eigene Interessen in den Lernprozess einzubringen und diesen für selbstgewählte Wege der Auseinandersetzung mit dem Thema zu öffnen. Das schließt ein, den Fragehorizont der Schülerinnen und Schüler zu entwickeln und sie bei der eigenständigen Suche nach Lösungen für ihre Fragen zu unterstützen.
- Erziehender Unterricht, der bewirken möchte, dass der Lernende sich in schrittweise zunehmendem Umfang für die eigenen Lernerfolge und seine „Selbstbildung“ verantwortlich weiß, versteht die Vermittlung von Lern- und Arbeitstechniken sowie von methodischer Kompetenz als Hilfe auf dem Weg zur Selbständigkeit.
- Erziehender Unterricht, der auf die Entfaltung der Persönlichkeit junger Menschen zielt, gibt in einem methodisch vielfältig gestalteten Unterricht Raum für selbständiges Lernen und Interaktionen, in denen die jungen Menschen Erfahrungen mit sich selbst sammeln, Konflikte ertragen und Kompromisse finden lernen können.

- Erziehender Unterricht, der auf die Entfaltung der Persönlichkeit und die Ausbildung der Selbständigkeit ausgerichtet ist, schließt ein, die Entwicklung der Ich-Stärke junger Menschen zu fördern und Situationen zu schaffen, in denen sie personstabilisierende und identitätsfördernde Erfahrungen machen können. Die Förderung der Individualität und der freien Entscheidung der Individuen schließt die Ausbildung der Fähigkeit ein, von der eigenen Person zugunsten anderer Menschen absehen zu können.
- Erziehender Unterricht, der die Verbindung von Wissen, Werten und Handeln anstrebt, wird wesentlich durch die Art des persönlichen Umgangs in der Schule bestimmt. In diesem Kontext kommt der Vorbildfunktion des Lehrers / der Lehrerin eine besondere Bedeutung zu. Die Lehrperson muss einerseits authentisch für das stehen, was sie in ihrer schulischen Arbeit anbietet und andererseits die persönliche Auseinandersetzung der Schülerinnen und Schüler mit Themen und Aufgaben nachdrücklich fördern, ihre Weise damit umzugehen lernen und zugleich vorantreiben.
- Erziehender Unterricht bedarf auch im Blick auf die Erziehungswirksamkeit der Einbettung in ein vielgestaltiges Schulleben. Feste und Feiern, Wanderungen, Wettbewerbe, Ausstellungen und die Pflege von Außenbeziehungen sind in diesem Verständnis nicht Anhängsel, nicht Veranstaltungen neben dem Unterricht, sondern gleichermaßen pädagogische Lernfelder, in denen Kenntnisse, Fertigkeiten und vor allem Einsichten und Werthaltungen erworben werden können. Durch ein gemeinsam von Schülern, Eltern und Lehrern getragenes Schulleben können eigene Sinnentwürfe persönlichen und gemeinschaftlichen Lebens verwirklicht und die Chancen der Identifizierung mit der Schule und der Identitätsgewinnung in der Schule genutzt werden.

Der umrisshaft skizzierte „erziehende Unterricht“ erfordert eine Verständigung über eine zeitgemäße Allgemeinbildung, eine Reform des Fachunterrichts sowie Veränderungen im Blick auf die Lehr- und Lernprozesse.

Zeitgemäßes Allgemeinbildungskonzept ist gefragt

Bundespräsident Johannes Rau hat in seiner Rede auf dem ersten Kongress des Forums Bildung am 14. Juli 2000 eine „neue Bildungsreform“ angemahnt und gefordert, „Bildung wieder stärker ganzheitlich“ zu verstehen und sie nicht darauf zu beschränken, „junge Menschen auf den Beruf und die Arbeitswelt vorzubereiten“. Die von ihm herausgestellten Ziele – Entwicklung der Persönlichkeit, Teilhabe an der Gesellschaft und Vorbereitung auf den Beruf – erfordern eine intensive Debatte über Fragen des Fächerkanons und der Bildungsinhalte. Menschen, die in der durch moderne Wissenschaften erschlossenen, durch Technik gestalteten und Informationsverarbeitung geprägten Welt verantwortlich leben wollen, benötigen Einsichten in Grundzusammenhänge und Grundkategorien, mit deren Hilfe sie sich die Wirklichkeit erschließen und Antworten auf Problemstellungen geben können. Die Erziehung für die Informations- und Wissensgesellschaft ist deshalb untrennbar mit den grundlegenden Werten und Zielen in der gegenwärtigen und künftigen Gesellschaft verknüpft. Die Ausweitung der neuen Technologien verstärkt den Zwang zum naturwissenschaftlich-technischen Denken und fördert damit spezifische Lebens- und Arbeitsformen. Zur naturwissenschaftlich-technischen Weltsicht muss, um nur ein Beispiel zu nennen, die musisch-künstlerische, die ästhetische Bildung als ein anderer Zugang zu einem zeitgemäßen Verständnis der Wirklichkeit hinzutreten. *Allgemeinbildung*, die Grundlage für individuelle Mündigkeit und gemeinsame Verständigung bietet, Orientierung in einer immer komplexer werdenden Welt ermöglicht und einen Beitrag dazu leistet, dass der Mensch sich verantwortungsbewusst dem anderen Menschen und der Welt zuwendet und zu sich selbst findet, schließt die Beschäftigung mit den großen Zeitproblemen ein und zielt in besonderer Weise auf die Förderung personaler und sozialer Kompetenzen. Je rascher sich in unserer Welt gesellschaftlicher Wandel vollzieht, um so mehr bedürfen wir für unsere Orientierung „zukunftsfähiger Herkunftsbestände“. Das Bewusstsein für ein gemeinsames Europa wird sich nur einstellen, Europa dauerhaft nur dann Gestalt annehmen, wenn der gemeinsame europäische Kulturraum mit seinen Wurzeln in der christlich-jüdischen Tradition und der griechischen Antike sowie seinen vielfältigen Ausprägungen als ein wesentliches Element des Konzepts von Allgemeinbildung verstanden und fachspezifisch erschlossen wird. Es ist höchste Zeit, in Anknüpfung an die Mitte der 1980er-Jahre wieder begonnene und leider rasch versandete Diskussion über ein zeitgemäßes Bildungsverständnis anzuknüpfen, die seither erfolgten bzw. im Prozess befindlichen grundlegenden Veränderungen in Politik, Wirtschaft und Gesellschaft aufzugreifen, ihre Bedeutung für die Schule zu reflektieren und zu einem zeitgemäßen Verständnis von Bildung in der Informations- und Wissensgesellschaft zu kommen.

Den Fachunterricht weiterentwickeln

Der *Fachunterricht* setzt immer eine Schul- bzw. Bildungstheorie voraus. „Die leitende Idee unserer deutschen Gelehrtenschule ist und bleibt, dass Lehrer, die in einem Fach selbständige und vielleicht auch produktive Gelehrte sind, ihre Schüler zu wissenschaftlicher Arbeit in elementarer Form anleiten.“ Diese Worte sprach 1904 bei der Gründung des „Vereinsverband(es) akademisch gebildeter Lehrer“, dem späteren Deutschen Philologenverband, Friedrich Paulsen, Professor für Philosophie und Pädagogik an der Berliner Universität und Verfasser einer zweibändigen „Geschichte des gelehrten Unterrichts“. 1963 stellte die Westdeutsche Rektorenkonferenz fest: „Für das Amt des Gymnasiallehrers bleibt die erste Voraussetzung das gründliche Studium der Fächer. Auch wenn es sich bei dem Studium der künftigen Gymnasiallehrer um einen Ausbildungsgang handelt, der auf ein klares Berufsziel gerichtet ist, muss dieses Studium doch von berufspraktischen

Zwecksetzungen zunächst ganz frei bleiben." Die in den Zitaten zum Ausdruck kommende Bedeutung der Fachwissenschaften für Lehrerstudium und Unterricht wurde in der alten Bundesrepublik Deutschland Mitte der 1960er-Jahre durch die Forderung nach Wissenschaftsorientierung und Wissenschaftspropädeutik des Unterrichts bekräftigt. Durch Neuorientierung der Schule an der Wissenschaft sollte auf die Wirklichkeit vorbereitet und eine neue Humanität rationalen Zuschnitts geschaffen werden. In seiner Schultheorie „Hauptschule und Gymnasium im Zeitalter der Wissenschaft" hat THEODOR WILHELM 1967 postuliert: „Die Wirklichkeit muss für die Zwecke der Schule neu vermessen werden. Der einzige Vermessensmaßstab, der zur Verfügung steht, ist die Wissenschaft." Dieses Verständnis wirkt, wenn auch deutlich gebrochen, fort.

Die zukunftsfähige Schule, die sich dem erziehenden Unterricht verpflichtet weiß, bedarf eines nach Fächern strukturierten Unterrichts, der nach wie vor solide Fachkenntnisse und grundlegendes Verfahrenswissen und über diese eine systematische „Ordnung der Vorstellungswelt" vermittelt.

Im Fachunterricht werden die jeweils spezifischen Aspekte des Menschen in der Welt thematisiert: Mensch – Raum (Geographie), Mensch – Zeit (Geschichte), Mensch – Natur (Physik, Biologie, Chemie), Mensch – Technik (Technik), Mensch – Sprache (Deutsch, Fremdsprachen), Mensch – Kultur (Kunst, Musik) usw. Dabei orientiert sich der Unterricht an den in den Wissenschaften vorgegebenen methodischen Fragestellungen und Arbeitsweisen und eröffnet so systematische Zugangsweisen zum Selbst- und Weltverständnis. Unterricht darf hinter dem fachlichen Anspruch der Wissenschaftsorientierung nicht zurückfallen, wenn er den jungen Menschen einen Zugang zu den Phänomenen der modernen Welt eröffnen will.

Der Fachunterricht muss jedoch seine fachspezifischen Beiträge zur Erreichung des skizzierten Erziehungs- und Bildungsauftrages leisten und damit zum Beispiel das Ziel der Selbständigkeit und Selbstbildung abstützen. Das aber heißt, den Bildungssinn des jeweiligen Faches und seinen Beitrag zum Erziehungsauftrag auch in den Lehrplänen transparent zu machen und die Bildungsaufgaben auch aus der Perspektive der Lernenden – z. B. als Tätigkeitsziele, zu fördernde Einstellungen und Haltungen, verfügbare und auszubauende Methodenkompetenz – zum Ausdruck zu bringen. Der „erziehende Unterricht“ achtet auf die Erreichung der fachlichen Ziele und stellt diese Zugleich in den Horizont ihrer Bedeutsamkeit für menschliche Lebens- und Weltgestaltung. Die Auswahl der Unterrichtsinhalte hat sich folglich verstärkt an lebensbedeutsamen Lernzusammenhängen zu orientieren. Wichtige Anwendungskontexte z. B. des Biologieunterrichts – Biotechnik und Gentechnik – unterstreichen beispielhaft die Notwendigkeit, den Auftrag der Wertorientierung als Prinzip jeden Fachunterrichts anzunehmen. Ein so verstandener Unterricht hat die Eigenart und Begrenztheit der Fächer wie die Art ihrer Beziehung zueinander deutlich zu machen. Darüber hinaus muss der Fachunterricht stärker als bisher auf ein fachübergreifendes Lernen ausgerichtet werden, weil z. B. die Bedeutung einer Problemstellung häufig erst durch fachübergreifende Problematisierungen deutlich wird. So werden zum Beispiel naturwissenschaftliche oder technische Entwicklungen und Entdeckungen häufig erst durch damit zusammenhängende gesellschafts-, wirtschafts- oder kulturgeschichtliche Bezüge in ihrer Bedeutung einsichtig. Der fächerkoordinierende Unterricht, bei dem zwei oder mehr Fächer die Planung des Unterrichts so aufeinander abstimmen, dass gemeinsame Themen formuliert werden, zu denen die Fächer jeweils ihren eigenen Beitrag leisten, ist geeignet, beispielhaft zusammenhängende Problemstrukturierungen zu vermitteln und die spezifischen Leistungen und Grenzen einzelner Fächer zur Problemlösung zu erfahren. Die Forderung nach einer stärkeren Umsetzung fachübergreifenden Arbeitens wird dauerhaft nur dann Erfolg haben, wenn im Fachunterricht als dem Kern des Unterrichts das unaufgebbare Vermitteln von Fachwissen in überzeugender Strukturierung erfolgt und Methodenkompetenz auf- und ausgebaut wird.

Lernprozesse im zukunftsfähigen Unterricht

Schule muss zunehmend mehr Möglichkeiten schaffen, dass der junge Mensch sich als Lernender an und mit Erfahrungen wahrnehmen kann. Schulische Lernprozesse sind dann besonders erfolgreich, wenn es gelingt, die aktive Beteiligung des Lernenden herauszufordern, individuelle Erfahrungshintergründe und Wissensbestände in den Lernprozess einzubinden sowie dem Lernenden in unterschiedlichem Ausmaß Ziele und Wege im Lernprozess zu übertragen. Der Unterricht muss folglich so angelegt sein, dass sich die jungen Menschen für ihr Lernen und Leben in der Schule mitverantwortlich fühlen können. Die klassische Vermittlungsdidaktik muss zugunsten einer Didaktik des Lehrens und Lernens relativiert werden, die auf vielfältige Formen der auch selbständigen Steuerung der Lernprozesse und pointiert auf die Problemlösungs- und Handlungskompetenz ausgerichtet ist. Erziehender Unterricht, der bewirken möchte, dass der Lernende sich in schrittweise zunehmendem Umfang für die eigenen Lernerfolge und seine „Selbstbildung" verantwortlich weiß, entwickelt den Fragehorizont und fördert das Frageverhalten, versteht die Vermittlung von Lern- und Arbeitstechniken als Hilfe auf dem Weg zur Selbständigkeit und leitet die jungen Menschen in allen Fächern umfassend und kontinuierlich an, wie man methodisch richtig arbeitet. Die selbständige Arbeit der Schülerinnen und Schüler ist dabei gleichzeitig Mittel und Ziel schulischer Lernprozesse. Eine solche methodische Kompetenz umfasst zum Beispiel die praktischen Fertigkeiten der Informationsbeschaffung, die Fähigkeit der aufgabengeleiteten Informationssichtung sowie die thematisch geforderte Informationsbewertung und -verarbeitung. Ihre Anwendung kann individuell wie auch gruppenbezogen erfolgen, so dass die Schülerinnen und Schüler sowohl in der Beziehung „Person – Sache“ wie auch „Person – Person“ methodisch zu schulen sind. Dieses Beispiel unterstreicht zugleich den Zusammenhang von Methodenlernen und Wahrnehmung des Erziehungsauftrages. Denn: Die Befähigung zur eigenständigen Informationsverarbeitung verlangt die Bereitschaft zum argumentativen Austausch und die Achtung vor den Auffassungen der anderen. Sie macht hellhörig und skeptisch, wenn Aussagen über Sachverhalte oder wenn Urteile so vorgetragen werden, als sei keine andere Meinung möglich. Sie fördert die Bereitschaft, auch unbequeme Ergebnisse des Denkens zu akzeptieren, wenn sie sich als gut begründet erweisen. Die Förderung eigenständiger Informationsverarbeitung schließt eine Denkerziehung ein, die skeptisch ist gegenüber einer konformistischen als auch dogmatischen Urteilsbildung und Haltung. Sie fördert gedankliche Redlichkeit und Eigenständigkeit in der Urteilsbildung und leistet so einen Beitrag zur Werteerziehung. Das Ziel, Schülerinnen und Schüler im Unterricht *Methodenkompetenz* zu vermitteln, wird besonders dann erfolgreich sein, wenn diese Aufgabe als fachübergreifender Auftrag angenommen wird und von Beginn an kontinuierlich und in schrittweise anspruchsvollerer Weise umgesetzt wird.

Die Förderung der Individualität und der freien Entscheidung der Individuen schließt die Ausbildung der Fähigkeit ein, von der eigenen Person zugunsten anderer Menschen absehen zu können. Selbstbestimmung und Selbstbeschränkung gehören zusammen. Das Ja zum eigenen Leben – Selbstentfaltung – und das Ja zum Leben der anderen und zu ihrer Lebenswirklichkeit – Sozialverantwortung – bedingen einander. Es ist mehr denn je notwendig, den jungen Menschen ihre Einbindung in ein Geflecht sozialer Beziehungen zu vermitteln und sie zu befähigen, sich in die Gesellschaft einzufügen als auch durch verantwortliches Handeln in sie hineinzuwirken und die eigenen Handlungen selbstkritisch reflektieren zu können.

Alle Erfahrungen des Unterrichts – erfolgs- oder misserfolgsbezogene, positives wie negatives Lernklima – berühren die Person des Lernenden. Sie haben Einfluss auf die Entwicklung des Selbst- und Fremdvertrauens sowie des Selbstwertgefühls der Person und beeinflussen – in Abhängigkeit davon – die Entwicklungen auch im kognitiven Bereich. Zur Erfüllung der Erziehungsaufgabe im Fachunterricht gehört es deshalb, Lernprozesse und Aufgaben so zu gestalten, dass sie Erfolgszuversicht unterstützen und Misserfolgswahrscheinlichkeiten eingrenzen. Damit ist die Ermutigung als ein fachübergreifendes Erziehungsziel angesprochen, das darauf zielt, eine positive Lebenseinstellung der jungen Menschen zu unterstützen, eine Haltung zu befördern, aus der heraus sie sich in Freiheit und Selbstverantwortung den Widerständen eines wechselhaften Lebens zu stellen vermögen. Für die Schule als einem eigenständigen Lern- und Lebensort bedeutet dies, im Unterricht und Schulleben ein ausgewogenes Klima der Geborgenheit und Herausforderung, eine Atmosphäre von Bewahrung und Bewältigung zu gestalten.

GERHARD DE HAAN / DOROTHEE HARENBERG

Bildung für nachhaltige Entwicklung – Das Leben im 21. Jahrhundert gestalten lernen

Als Ergebnis eines längeren umwelt- und entwicklungspolitischen Diskussionsprozesses wurde 1992 im Rahmen der Rio-Konferenz der Vereinten Nationen die „Nachhaltige Entwicklung" zur verbindlichen politischen Leitlinie für die Unterzeichnerstaaten des Abschlussdokumentes, der Agenda 21. Ausgangspunkt ist die Überlegung, dass die Tragfähigkeit der Ökosphäre wie auch die Ressourcenvorräte der Erde eine Ausdehnung der industriegesellschaftlichen Lebens- und Wirtschaftsweise auf alle Teile der Erde wie auch in die Zukunft hinein nicht erlauben. In der Agenda 21 geht es darum, globale Gerechtigkeit mit dauerhafter Umweltverträglichkeit und einer wirtschaftlichen Entwicklung, die auch späteren Generationen Handlungsspielräume gewährt, zu verknüpfen. Diese Programmatik wird mit dem englischen Begriff „Sustainable development" – deutsch „Nachhaltige Entwicklung" – charakterisiert. Partizipation aller wichtigen gesellschaftlichen Gruppen ist ein zentrales Prinzip der Agenda 21.

Im 36. Kapitel dieses Dokuments wird eine „Neuausrichtung der Bildung auf eine nachhaltige Entwicklung" gefordert (BUNDESMINISTERIUM FÜR UMWELT, NATURSCHUTZ UND REAKTORSICHERHEIT (HRSG.): Konferenz der Vereinten Nationen für Umwelt und Entwicklung. Dokumente. Agenda 21. Bonn o. J.). Dass Bildung dabei sehr viel stärker als integraler Bestandteil der umwelt- und entwicklungspolitischen Konzeption gesehen wird, als es in nachsorgend oder vorrangig technisch orientierten Politikansätzen der Fall war, wird auch in den anderen Kapiteln dieses Aktionsprogramms deutlich.

Die Erwartungen, die im Zusammenhang mit der Nachhaltigen Entwicklung an die Bildungsinstitutionen gerichtet werden, sind hoch: Sie sollen einen wesentlichen Beitrag leisten innerhalb eines Prozesses der gesellschaftlichen und wirtschaftlichen Neuorientierung sowie der Veränderung von Einstellungen und Verhaltensweisen, den die Enquete-Kommission „Schutz des Menschen und der Umwelt“ 1994 mit „den grundlegenden Prozessen des Wandels von Mentalitäten zu Beginn der Moderne sowie während der industriellen Revolution“ verglich. (ENQUETE-KOMMISSION, 1994, S. 86)

Nachhaltige Entwicklung verlangt, eine sich mit hoher Dynamik verändernde Welt in ökologischer, ökonomischer und sozialer Balance aktiv zu gestalten. Sie beschreibt damit ein umfassendes Modernisierungskonzept für das Leben und Wirtschaften im 21. Jahrhundert.

Eine solche Entwicklung – das ist politisch weitgehend unumstritten – kann nicht als zentral gesteuerter Wandlungsprozess mit einer „top-down“-Strategie erfolgen, sondern verlangt „das Engagement und die echte Beteiligung aller gesellschaftlicher Gruppen“ und damit „neue Formen der Partizipation“. Den Bürgern werden dabei erhebliche Kompetenzen bei der Beteiligung und Selbstorganisation von Verständigungs- und Entscheidungsprozessen abverlangt (z. B. eigenständige Aneignung und Bewertung von Informationen, Kommunikations- und Kooperationsfähigkeit, vorausschauendes Planen in vernetzten Systemen). Die Agenda 21 verlangt deshalb in einem eigenen Bildungskapitel die „Neuausrichtung der Bildung auf eine nachhaltige Entwicklung“.

Ausgehend von einem reflexiven Bildungsverständnis, wie es etwa HARTMUT VON HENTIG in seinem Essay „Bildung“ ausführt, kann es bei dieser Umorientierung nur um „Anregung“ und nicht um „Eingriff, mechanische Übertragung oder gar Zwang“ (VON HENTIG, 1996, S. 41) gehen. Eine Instrumentalisierung der Bildung ist nicht allein vom pädagogischen Verständnis her unangemessen, sie steht auch im Widerspruch zum Nachhaltigkeitsgedanken selbst: Wenn man Sustainable Development als einen offenen, partizipativen Prozess der Reflexion und der Auseinandersetzung um zukunftsfähiges Leben und Wirtschaften beschreibt, handelt es sich bezogen auf die konkrete Ausgestaltung nicht um eine normative Konzeption.

Zielsetzung: Das Leben im 21. Jahrhundert gestalten lernen

Als Ziel der Bildung für eine nachhaltige Entwicklung haben wir den Erwerb von *Gestaltungskompetenz* vorgeschlagen. Sie bezeichnet das „Vermögen, die Zukunft von Sozietäten, in denen man lebt, in aktiver Teilhabe im Sinne nachhaltiger Entwicklung modifizieren und modellieren zu können“ (DE HAAN / HARENBERG, 1999, S. 60). Der Terminus „Gestaltungskompetenz“ wurde in den Kontext der Bildung für nachhaltige Entwicklung neu eingeführt, um zu signalisieren, dass unter „nachhaltiger Entwicklung“ die Notwendigkeit zu Modernisierungsmaßnahmen eine hohe Priorität besitzt.

Gestaltungskompetenz zu erwerben bedeutet, über Fähigkeiten, Fertigkeiten und Wissen zu verfügen, die Veränderungen im Bereich ökonomischen, ökologischen und sozialen Handelns möglich machen, ohne dass diese Veränderungen immer nur eine Reaktion auf vorher schon erzeugte Problemlagen sind. Denn eine „Nachhaltige Entwicklung bedeutet nicht Stabilisieren oder Zurückschrauben des Status quo, sondern signalisiert einen komplexen gesellschaftlichen Gestaltungsauftrag, in dem sich globale und lokale Dimensionen der Zukunftsgestaltung verbinden“ (ebd.). Mit der Gestaltungskompetenz kommt die offene Zukunft, die Variation des Möglichen und aktives Modellieren in den Blick. Darin sind ästhetische Elemente ebenso aufgehoben wie die Frage nach den Formen, die das Wirtschaften, der Konsum und die Mobilität annehmen können und sollen, oder nach der Art und Weise, wie künftig Freizeit und Alltag verbracht werden, wie sich Kommunalpolitik oder auch die internationalen Beziehungen ausgestalten sollen.

Die Notwendigkeit, den Erwerb von Gestaltungskompetenz zu ermöglichen, lässt sich sowohl bildungstheoretisch als auch aus der nachhaltigen Entwicklung heraus begründen. Denn diese Kompetenz zielt nicht allein auf unbestimmbare zukünftige Lebenssituationen ab, sondern auf die Fähigkeit zum Modellieren dieser Zukunft durch das Individuum in Kooperation mit anderen. Es sollten mithin Themen gewählt, Methoden und Organisationsstrukturen favorisiert werden, die Gestaltungskompetenz in diesem Sinne in hohem Maße befördern helfen.

Gestaltungskompetenz umfasst vor diesem Hintergrund erstens vorausschauendes und -planendes Denken, das sich auf mögliche Formen von Zukunft richtet, die ebenso auf Simulationen, Prognosen, Delphi-Studien und Risikoabschätzungen basiert. Sie umfasst lebendiges, komplexes, interdisziplinäres Wissen, um zu Problemlösungen zu gelangen, die nicht nur auf eingefahrenen und bekannten Bahnen basieren. Genauer betrachtet ist damit die Kompetenz zum Modellieren von Zukunft in einem doppelten Sinn gemeint: auf der einen Seite verstanden als Fähigkeit des Selbstentwurfs und der Selbsttätigkeit im Kontext einer Gesellschaft, deren Trend zur Individualisierung ungebrochen ist; auf der anderen Seite verstanden als Fähigkeit, in Gemeinschaften partizipativ die Nahumwelt gestalten und an allgemeinen gesellschaftlichen Entscheidungsprozessen kompetent teilhaben zu können.

Gestaltungskompetenz umfasst zweitens utopisches Denken, das gekoppelt ist mit Phantasie und Kreativität. Hier ist nicht das künftig Machbare gefragt, sondern das Gewünschte, zu dem sich vielleicht noch kein pragmatischer Zugang gewinnen lässt. Nicht allein das, was wahrscheinlich sein wird, sondern auch, was gewünscht wird, ausdrücken zu können, steht im Fokus dieser Seite der Gestaltungskompetenz.

Gestaltungskompetenz ist aber weit mehr als nur eine Fähigkeit zum vernetzten Denken und planerischen Handeln. Sie umfasst die Fähigkeit zur Solidarität mit den Armen, Schwachen, Unterdrückten, all jenen also, die unter freien Umständen von sich sagen, dass sie leiden. Allein schon dieses setzt die Kompetenz für transkulturelle Verständigung und Kooperation voraus.

Gestaltungskompetenz verweist aber nicht allein auf Zukunftsentwürfe und den Umgang mit anderen, sondern auch das Individuum selbst: Sie umfasst auch die Fähigkeit zur Motivation und distanzierten Reflexion bezogen auf Individuum und Gemeinschaft.

Bildung und Kompetenzen in der Wissensgesellschaft

Eine ausschließlich umwelt- und entwicklungspolitisch argumentierende Begründung der Bildung für nachhaltige Entwicklung wird sich den Vorwurf der Instrumentalisierung von Bildung nicht ersparen können, findet sie keine Unterstützung und Entsprechung in der allgemeinen bildungstheoretischen Debatte. Eine der zentralen Argumentationsfiguren innerhalb der Didaktik war und ist die Relevanz von Zielen, Inhalten und Methoden für zukünftige Lebenssituationen der Schülerinnen und Schüler. In jüngster Zeit wurden im Auftrag des Bundesministeriums für Bildung und Forschung mehrere Studien erstellt, die sich der Frage zukünftiger Bildung widmen.

In der Studie „Potenziale und Dimensionen der Wissensgesellschaft – Auswirkungen auf Bildungsprozesse und Bildungsstrukturen“ wurden Wissenschaftler nach dem Delphi-Verfahren über ihre Zukunftsprognosen befragt (PROGNOS AG / INFRATEST BURKE, 1998). Die Ergebnisse sind an anderer Stelle (DE HAAN / HARENBERG, 1999) recht ausführlich referiert worden. Hier sei vor allem ein Blick auf die zentralen Themen und Inhalte gerichtet:

Informationstechnik und Medien;

- Neue Technologien;
- Medizin, menschlicher Körper;
- Umwelt, Umweltschutztechnik;
- Internationale Wirtschaft und Arbeitswelt;
- Gesellschaftlicher Wandel und Wissensmanagement

Sie gelten in den Umfragen (ebd., S. 22) als besonders dynamische Wissensgebiete, die zukunftsbestimmend sein werden und in denen hohe Wissenszuwächse zu erwarten sind.

Ein besonders hoher Stellenwert kommt in dieser Befragung der Interdisziplinarität zu. Sie gilt als eine der zentralen Herausforderungen der Wissensgesellschaft. Als Wissensgebiet mit besonders hoher interdisziplinärer Bedeutung wird an erster Stelle der Komplex „Umwelt", gefolgt von „Globalisierung", genannt. Das in der Konzeption „Bildung für eine nachhaltige Entwicklung" verankerte Unterrichtsprinzip „Interdisziplinäres Wissen" und die damit verbundenen Themenkomplexe finden demnach eine deutliche Bestätigung als ausgewiesen zukunftsorientierte Bildungsvorstellungen.

Das sogenannte „Wissensdelphi" (ebd., S. 19–51) betont gleichzeitig die Notwendigkeit, den Bürgern in der Wissensgesellschaft Hilfestellungen bei der Bewältigung der Informations- und Wissensflut zu geben und sie in die Lage zu versetzen, mit der Komplexität des Wissens zurechtzukommen. In Abgrenzung zum Spezial- und Expertenwissen wird diese Eigenschaft als Allgemeinwissen charakterisiert, das die Funktion hat,

- „Basis für die allgemeine Verständigung und damit Voraussetzung für soziales Handeln zu sein;
- Einstieg in Spezialwissen zu ermöglichen, in dem es Schlüsselqualifikationen und Anknüpfungspunkte für das Gespräch mit Fachleuten und das Zurechtfinden in der Fachwelt bietet;

- zur Orientierung in der Informationsflut zu verhelfen, indem es dem Einzelnen Bewertungsraster, Maßstäbe und Beurteilungskriterien zu entwickeln hilft.“
(PROGNOS AG / INFRATEST BURKE, 1998, S. 41)

Das Allgemeinwissen wird differenziert nach
- methodischen Kompetenzen (allgemeine Grundlagen und Kulturtechniken; Umgang mit Informationstechniken),
- personalen Kompetenzen (persönliches Erfahrungswissen und persönliche Fähigkeit zum Umgang mit Wissen),
- sozialen Kompetenzen (kommunikative Kompetenzen und soziale Verantwortung),
- inhaltlichem Basiswissen (Wissen über aktuelle Probleme und inhaltliche Grundlagen aus den Wissenschaften) (ebd., S. 43).

Auffällig ist, wie wenig Bedeutung dem inhaltlichen Basiswissen für die schulische Bildung zugewiesen wird. Personale wie soziale Kompetenzen sind ebenso wie aktuelle Themen, so konstatieren es die Umfragen, im Bildungssystem bisher unterrepräsentiert. Auf die persönlichen und sozialen Kompetenzen kommt es künftig aber – insbesondere wenn es um die Verwirklichung der Agenda 21 geht – besonders an. Dieses jedenfalls betont schon die Agenda 21 selbst, betonen aber auch Fachwissenschaftler, die sich mit der Frage beschäftigen, wie ein Wandel hin zur nachhaltigen Entwicklung initiiert werden kann: Hier wird mehr und mehr darauf gedrängt, auf veränderte mentale Strukturen, Einstellungen und Wertehaltungen zu setzen, da gesetzgeberische und wissenschaftlich-technische Innovationen ansonsten ins Leere laufen würden.

Die Einschätzungen aus den Delphi-Umfragen korrespondieren augenfällig mit der Bildung für nachhaltige Entwicklung und ihrem Bildungsziel, dem Erwerb von Gestaltungskompetenz. Denn hier wie dort werden Lernarrangements und -methoden favorisiert, die auf Interdisziplinarität abzielen, projektbezogen sind, sich durch selbstgesteuertes und eigeninitiatives Lernen in Teams auszeichnen und die personalen und sozialen Kompetenzen in den Vordergrund stellen. Somit kann von der Bildung für eine nachhaltige Entwicklung durchaus ein weiterreichender Beitrag zu einer zukunftsfähigen Bildung erwartet werden.

Von der traditionellen Umweltbildung zur Bildung für nachhaltige Entwicklung

Was ist die neue Qualität dieses Bildungskonzeptes gegenüber der traditionellen Umweltbildung?

Die klassische Umweltbildung hatte eine deutliche „grüne" Orientierung; es ging wesentlich um Naturschutz, Natursensibilisierung und um die Reduktion von Verbräuchen bezogen auf Abfall, Wasser und Energie. Die grundsätzliche Ausrichtung der Bildung für nachhaltige Entwicklung lässt sich im Vergleich dazu als „kulturelle" Orientierung mit begreifen: Gerechtigkeit, effizientes und konsistentes Wirtschaften und naturverträgliche Lebensstile stehen im Vordergrund. Die Maxime „Von der grünen zur kulturellen Orientierung" wird sich auch im Kanon der beteiligten Fächer abbilden: Hatte die traditionelle Umweltbildung ihren Kern im naturwissenschaftlichen Bereich, erfordert die kulturelle Wende eine stärkere Öffnung zu sozialwissenschaftlichen, ökonomischen und auch ästhetischen Lernfeldern.

War die Themenselektion der Umweltbildung häufig medial initiiert und zufällig (vom Robbensterben bis zur Mülltrennung), stehen durch die zunehmende Zahl von Studien zur nachhaltigen Entwicklung systematische Zugänge zu aktuellen Themen zur Verfügung (vgl. beispielsweise: UMWELTBUNDESAMT: Nachhaltiges Deutschland. Wege zu einer dauerhaft-umweltgerechten Entwicklung. Berlin 1997 und BUND / MISEREOR, 1996 sowie die jeweils aktuellen Gutachten des RSU und WBGU).

Die Zielebene der Umweltbildung lässt sich durch Begriffe wie Sensibilisierung, Hege, Pflege, Bewahrung, Schützen, Angstbewältigung und Protest charakterisieren. Demgegenüber bilden bei der Bildung für nachhaltige Entwicklung eine aktive Teilhabe am Modernisierungsprozess und damit verbunden ein Erlernen der Strategien der Nachhaltigkeit und der Voraussicht den Schwerpunkt. Insgesamt ist das Bildungsziel „Gestaltungskompetenz“ gegenüber den Zielen der bisherigen Umweltbildung, die stärker auf definierte Verhaltensmodifikationen abzielte, weniger normativ. Durch die Zielebenen „Solidarität resp. Verantwortung“ ist es gleichwohl an Werturteilen orientiert.

Gestaltungskompetenz – ein komplexes Bildungsziel

Stellt man die Bildung für nachhaltige Entwicklung entlang des traditionellen Musters didaktischer Konzeptionen dar, bedarf es neben einer Darstellung der Inhalte auch einer Ausweisung von Zielen und der Entwicklung geeigneter Methoden. Nachdem die Inhalte der Bildung für eine nachhaltige Entwicklung bereits durch den Abgleich mit den jüngsten Delphi-Umfragen zumindest kurz umrissen wurden, wird im Folgenden angesichts des begrenzten Umfangs dieses Beitrags die Zielebene in den Vordergrund gerückt. Auf methodische Aspekte wird an entsprechenden Stellen jeweils nur kurz verwiesen. Die Möglichkeiten einer Umsetzung dieses Konzeptes werden nach Meinung der Autoren eher durch die Ausweisung von Leitfragen deutlich, die die jeweiligen inhaltlichen und methodischen Ebenen in Unterricht und Schulleben betreffen und auf Konkretisierungen der allgemeinen Zielsetzungen gerichtet sind.

Zusammenfassend lässt sich Gestaltungskompetenz für eine nachhaltige Entwicklung durch ein ganzes Bündel sozialer, kognitiver und emotionaler *Kompetenzen* charakterisieren.

Die Trennung in Teilkompetenzen ist ein analytischer Akt, um die Zielrichtung und den Stellenwert einzelner Elemente zu verdeutlichen. In der Realisierung der Kompetenzen wie auch bei ihrem Erwerb lässt sich eine solche Herauslösung einzelner Elemente kaum vollziehen. Zu den Teilkompetenzen gehören im Einzelnen:

Vorausschauendes Denken, Kenntnisse und Fähigkeiten im Bereich von Zukunftsszenarien und -entwürfen:

Mit dieser Kompetenz wird über die Gegenwart hinausgegriffen. Durch vorausschauendes Denken können mögliche Entwicklungen für die Zukunft entworfen sowie Chancen und Risiken von aktuellen und künftigen, auch unerwarteten Entwicklungen thematisiert werden. Damit ist mehr gemeint als die Fähigkeit zur Extrapolation, d. h. eine bekannte Gegenwart in die Zukunft hinein gedanklich verlängern zu können. Entscheidend ist es, die Zukunft als offen und gestaltbar zu begreifen und aus dieser Haltung heraus verschiedene Handlungsoptionen aus gegenwärtigen Zuständen heraus entwickeln zu können. Kreativität, Phantasie und Imaginationsvermögen sind wichtige Elemente dieser Kompetenz. Um sie zu fördern ist die bloße Aneignung und Interpretation bestehender Szenarien und Zukunftsmodelle nicht ausreichend. Den Lernenden sollten Entwürfe und Anregungen angeboten werden, die es ihnen erlauben, selbst und mit anderen positive Szenarien technischer, sozialer, ökologischer und ökonomischer Veränderungen zu entwerfen. Der von Robert Jungk vorgeschlagene Perspektivwechsel, die Gegenwart aus der Zukunftsperspektive zu betrachten, kann helfen, sich von traditionellen Denkschablonen und -pfaden zu lösen und neue Handlungsmöglichkeiten zu erschließen (vgl. BOROW / NEUMANN-SCHÖNWETTER, 1995).

Lernmethodisch wird man hier auf Elemente wie Phantasiereisen, Ideenwettbewerbe und kreativitätsfördernde Verfahren wie freies Schreiben oder Zukunftswerkstätten zurückgreifen.

Fähigkeit zu interdisziplinären Herangehensweisen bei Problemlösungen und Innovationen:

Problemfelder nicht nachhaltiger Entwicklung und Perspektiven zukunftsfähiger Veränderungen sind heute nicht mehr aus einer Fachwissenschaft oder einem singulären Denkmuster heraus zu bearbeiten. Sie lassen sich nur noch durch die Zusammenarbeit vieler Fachwissenschaften, unterschiedlicher kultureller Traditionen und ästhetischer wie kognitiver und anderer Herangehensweisen gewinnen. Für das Erkennen und Verstehen von Systemzusammenhängen und einem angemessenen Umgang mit Komplexität ist die Herausbildung entsprechender analytischer und synthetischer Fähigkeiten unverzichtbar. Sie werden gefördert durch die problemorientierte Verknüpfung mehrerer Fächer, Denkweisen und Zugangsmöglichkeiten (z. B. wissenschaftlich, ästhetisch).

Die klassische Methode zur Förderung interdisziplinären Denkens und Problemlösens ist natürlich der fachübergreifende Projektunterricht. Strukturierungshilfen und thematische Zugänge bieten zwei Verfahren, die direkt aus dem thematischen Kontext nachhaltiger Entwicklung stammen: Produktlinienanalysen ermitteln die sozialen, ökologischen und ökonomischen Wirkungen eines Produktes von seiner Entstehung bis zur Entsorgung. Das Konzept der Syndrome globalen Wandels ordnet die großen globalen Trends der Nicht-Nachhaltigkeit in verschiedenen Sektoren zu funktionalen Mustern. Beide Methoden stellen für interdisziplinäres Arbeiten sinnvolle Hilfen zur themenorientierten Fächerverknüpfung und -kooperation dar.

Vernetzungs- und Planungskompetenz

Auch diese Kompetenz ist für die Bearbeitung komplexer Sachverhalte und Problemlagen zentral und hängt mit der Fähigkeit zum interdisziplinären Denken eng zusammen. Betont letztere stärker die analytische und gegenwartsbezogene Komponente komplexen Denkens, hat die Vernetzungs- und

Planungskompetenz einen zukunftsbezogenen Anteil, der auf das Projektieren und Handeln der Akteure bezogen ist. Zum einen ist dabei die Fähigkeit, entsprechende Abläufe vorausdenken und selbständig organisiert planen zu können notwendig. Zum anderen geht es darum, Nebenfolgen und Überraschungseffekte einzukalkulieren und ihr mögliches Eintreten bereits bei der Planung zu berücksichtigen. Spät- und Nebenfolgen von Handlungen waren immer Lernanlässe und führen in der Vergangenheit oft dazu, menschliches Verhalten zu modifizieren. So wurden beispielsweise Schwefeldioxid-Emissionen verringert, nachdem Rauchgasschäden beobachtet wurden. Andere Stoffe wie halogenierte Kohlenwasserstoffe als Treibmittel wurden verboten, nachdem man ihre Wirkung auf die Ozonhülle kannte. Ähnliche Beispiele lassen sich im ökonomisch-sozialen Sektor, etwa in Gestalt der Sozialgesetzgebungen finden. Mit zunehmender lokaler Entgrenzung und Intensivierung menschlicher Aktivitäten im Zeitalter der Globalisierung wird ein solches „Lernen durch Schock“ (BOTKIN/ ELMANDJRA / MALITZA, 1979) jedoch immer riskanter. Es muss durch ein Planen und Handeln ersetzt werden, das künftige Entwicklungen und längerfristige Konsequenzen stärker berücksichtigt.

Die Einbeziehung der schnellen Veränderbarkeit und Vorläufigkeit des planungsrelevanten Wissens ist ein weiterer Faktor, der zur Vernetzungs- und Planungskompetenz beiträgt. Nur so können Planungen und Handlungen „fehlerfreundlich“, d.h. beim Auftreten neuer Erkenntnisse und bei veränderten Bedingungen korrigierbar und revidierbar, angelegt werden. Entsprechende Lernarrangements verdeutlichen die Wechselbezüge innerhalb einzelner Bereiche der Problemkonstellationen und der Lösungsansätze. Sie thematisieren Rückkopplungen, Spätfolgen, Zeitverzögerungen und offerieren ein entsprechendes Methodenrepertoire.

Hier lässt sich auf bewährte und erprobte Instrumentarien wie Szenario-Technik oder Planspiele zurückgreifen. Verfahren der Bürgerbeteiligung wie etwa Planungszellen oder -zirkel und das Planing for Real stellen in diesem Zusammenhang eine sinnvolle Ergänzung und Bereicherung der schulischen Methodenvielfalt dar.

Fähigkeit zur Solidarität

Als Grundkonzept der Agenda 21 gilt Sustainable Development, eine nachhaltige, zukunftsfähige Entwicklung allenthalben als Ziel wirtschaftlichen, sozialen und ökologischen Handelns. Der fundamentale Parameter lautet: Gerechtigkeit. Allen Menschen sollen prinzipiell gleich viele Ressourcen zur Verfügung stehen, alle sollen gleiche Chancen für ein soziales und humanes Leben haben. Damit wird eine Gerechtigkeitsmaxime formuliert, die auf einem Konzept der Verteilungsgleichheit fußt. Das scheint unter allgemeinen Vorstellungen von der Gleichheit der Menschen konsequent und selbstverständlich, leidet aber unter erheblichen Legitimations- und Akzeptanzschwierigkeiten, bedenkt man, dass neben der Verteilungsgerechtigkeit auch Konzeptionen breite Anhängerschaft genießen, die sich auf eine Leistungsgerechtigkeit oder Besitzstandsgerechtigkeit konzentrieren (vgl. dazu im Detail: DE HAAN, 1998).

Wie dem auch sei: Eine gerechtere Welt im 21. Jahrhundert zu schaffen, das ist als globales Konzept unstrittig. Friedenserhalt und -stiftung und Wege zu globaler sozialer Gerechtigkeit gelten als wichtigste Bezugspunkte heutiger ethischer Erziehung (MARTENS / NIPKOW, 1995, S. 185). Dabei ist die Fähigkeit, solidarisch empfinden und handeln zu können, eine unverzichtbare Größe, und es wird zum Anliegen von Unterricht und Erziehung, auch entsprechende emotionale Fähigkeiten zu fördern, wie etwa das Mitleiden angesichts des Hungers und der Unterdrückung anderer Menschen sowie die Herausbildung und Stabilisierung grundlegender Werte, wie Humanität. Angesichts von Wertepluralismus und -relativismus ist es dabei notwendig, normative Fragen, also etwa die nach zeitgemäßen Konzepten globaler Gerechtigkeit, als Gegenstand gesellschaftlicher Verständigung in den ethischen Lernprozess aufzunehmen (ebd., S. 186).

Bei der Förderung dieser Kompetenzen haben sowohl traditionelle und bewährte Formen wie partnerschaftliche Kooperationen und Solidaritätsaktionen als auch moderne Medien ihren Stellenwert. Letztere schaffen im Zuge von Internet- und E-Mail-Projekten Möglichkeiten der Kommunikation über die Lebensbedingungen, aber auch die Wünsche und Visionen der Schülerinnen und Schüler in anderen Teilen der Welt. Bezogen auf das nähere Umfeld der Schülerinnen und Schüler können soziale Dienste und kommunale Solidaraktionen diese Kompetenz fördern.

Verständigungskompetenz und Fähigkeit zur Kooperation

Hier geht es zunächst um zentrale Elemente dessen, was man auch unter dem Begriff „Teamfähigkeit" subsumiert. Grundlegend sind kommunikative Fähigkeiten, wie sich selbst verständlich zu machen und anderen zuhören zu können. Aber auch Verständigungsprozesse zu moderieren und ergebnisorientiert zu steuern oder Konflikte demokratisch zu bewältigen sind wichtige Bestandteile. Weniger naheliegend, aber in pluralen und globalen Gesellschaften zunehmend notwendiger, ist eine Fähigkeit, die sich auf Differenzen und transkulturelle Verständigung bezieht. Sie besteht darin, Unterschiede zwischen Individuen und Kulturen zu erkennen und zu akzeptieren, Verständigungs- und Kooperationsprozesse entsprechend anzulegen und Konfliktlösungen darauf auszurichten. Das heißt konkret, im Unterricht an unterschiedliche Wahrnehmungen, Sichtweisen und Einstellungen der Schülerinnen und Schüler anzuknüpfen, diese Differenzen zu verdeutlichen und sie in Verständigungsprozessen tendenziell eher bestehen zu lassen anstatt auf Vereinheitlichung zu drängen.

Geeignete Methoden zur Förderung dieser Kompetenzen sind natürlich die bekannten und z. T. schon für den schulischen Einsatz adaptieren Moderations- und Mediationsverfahren und -trainings. Auch konsensstiftende Erhebungs- und Planungsinstrumente wie Delphi-Verfahren haben kommunikationsbezogene Anteile, die für Schulen interessant und einsetzbar sein können. Bezogen auf Gruppen sind hier Verfahren wie Stärke-Schwäche-Analysen einsetzbar, die besonders die Vorteile der Unterschiedlichkeit der Gruppenmitglieder betonen.

Fähigkeit, sich und andere motivieren zu können

Gestaltungskompetenz verweist aber nicht allein auf Zukunftsentwürfe und den Umgang mit anderen: Sie umfasst auch die Fähigkeit, sich und andere motivieren zu können, sich überhaupt mit dem Konzept der Nachhaltigkeit zu befassen, es lebendig werden zu lassen und daraus alltagstaugliche, befriedigende Lebensstile zu schöpfen. Die Schule wird dieser Anforderung weder durch die bloße Vermittlung von Wissen noch allein durch die Förderung entsprechender Einstellungen gerecht. Alle einschlägigen Untersuchungen weisen darauf hin, dass Wissen und Bewusstsein nur geringen Einfluss auf das Konsum- und Umweltverhalten haben. Wichtiger – so zeigt es die Empirie – sind hier Motive, die mit dem jeweiligen (sozial erworbenen) Lebensstil, dem individuellen Wohlfühlen oder den Gewohnheiten zu tun haben. Auf solche Motive einzugehen, ist eine neue Herausforderung für die Schule. Sie erfordert eine kontinuierliche und längerfristige Orientierung an Qualitäten wie individuelles Wohlfühlen, Erlebniswert und Attraktivität der Angebote. Als besonders motivierend werden von Schülern Aktivitäten eingeschätzt, die ihnen Möglichkeiten bieten, andere zu unterstützen und sich selbst einbringen zu können. Neben den befriedigenden sozialen Kontexten und den Mitbestimmungsmöglichkeiten ist es wichtig, dass die Aktivitäten zeitlich begrenzt sind. Nur wenige Jugendliche sind bereit längerfristige Bindungen einzugehen.

Hier sind vor allem Methoden und Medien gefragt, die dazu geeignet sind, die Attraktivität nachhaltiger Lebensstile herauszustreichen und ihre Akzeptanz zu erhöhen. Das können Werbeaktionen oder Ausstellungen sein, aber auch das Verfassen von Ratgebern und Einkaufstipps für Mitschüler/-innen. Die Förderung dieser Kompetenz hat einen engen Bezug zur ästhetischen Erziehung.

Kompetenz zur distanzierten Reflexion über individuelle wie kulturelle Leitbilder

Viele der genannten Teilkompetenzen, etwa bezogen auf die Anerkennung von Differenz, die Frage nach Solidarität und Gerechtigkeit und die Motivation, setzen erhebliche individuelle Fähigkeiten und Selbsterkenntnis voraus. Eigene Interessen und Wünsche zu erkennen und kritisch zu prüfen, sich selbst im eigenen kulturellen Kontext zu verorten oder gar eine reflektierte Position in der Debatte um globale Gerechtigkeit zu beziehen, erfordert die Kompetenz zur distanzierten Reflexion über individuelle wie kulturelle Leitbilder. Es geht dabei zum einen darum, das eigene Verhalten als kulturell bedingt wahrzunehmen, und zum anderen um eine Auseinandersetzung mit gesellschaftlichen Leitbildern. Dieser Anspruch war jedoch schon immer an die Idee von Bildung geknüpft: sich zu sich selbst und zur eigenen Kultur ins Verhältnis setzen zu können.

Selbsterfahrungs- und Wahrnehmungsspiele und die Analyse von Werbung können diese Kompetenz fördern. Reflexionen über individuelle und gesellschaftliche Leitbilder sind Gegenstand des Philosophierens mit Kindern und Jugendlichen, das in jüngster Zeit einen erheblichen Bedeutungszuwachs zu verzeichnen hatte, sowie die Lernform Szenisches Spiel.

Zukunftsfähige Bildung: Nachhaltige Entwicklung und Schulqualität

Die pädagogische und bildungspolitische Debatte der letzten Jahre fokussierte im Wesentlichen Schulprogramme als Instrumente schulischer Entwicklungsprozesse. In jüngerer Zeit gewannen zunehmend Begriffe wie Qualitätssicherung und Qualitätsmanagement in dieser Diskussion an Bedeutung. Der Begriff „*Qualität der Schule*“ wird dabei durchaus unterschiedlich konnotiert. Grob vereinfacht lassen sich die unterschiedlichen Positionen und Aufmerksamkeitsrichtungen zwischen zwei hypothetischen Extremen verorten:

Die besonders im angelsächsischen Raum verbreitete Schuleffektivitätsforschung richtet den Blick vorrangig auf Lernleistungen, Leistungsstandards und Leistungsniveaus. Dabei geht es im Wesentlichen um fachliche Lernleistungen in den klassischen Kernfächern, also beispielsweise um Leseverständnis, Rechtschreiben, und die Leistungen in Mathematik und Englisch. In einem zweiten Schritt wird nach fördernden und hemmenden Bedingungen geschaut, und hier tauchen dann z. B. „klimatische“ Faktoren wie Wohlfühlen, Förderung und Unterstützung, Mitsprachemöglichkeiten etc. auf.

Diese Faktoren werden in der zweiten Position zum primären Gegenstand der Forschung: Hier wird Qualität an „pädagogischen Wirkungskriterien“ gemessen, wie „... an der Qualität des Zusammenlebens, an der Humanität der Beziehungen, an diszipliniertem Verhalten, an Selbstvertrauen, Leistungsmotivation und Lernfreude“ (FEND, 1998, S. 147). Zwar fragt man auch hier nach Schulleistungen; die Erkenntnisse über das Schulklima und die Schulkultur stehen bei dieser Forschungsrichtung jedoch im Vordergrund.

Auffällig ist, dass in beiden Disziplinen die Frage nach den Gegenständen, den Themen und Inhalten von Unterricht und Erziehung nicht zentral ist. In der Schuleffizienzforschung scheint die Konzentration auf fachliches Leistungsvermögen und disziplinäre Kompetenz unhinterfragt zu sein, während die Schulklimaforschung sich hier im Wesentlichen auf Fragen der Partizipation und Mitgestaltungsmöglichkeiten beschränkt.

POSCH und ALTRICHTER konstatieren eine große Ergebnisähnlichkeit beider Ansätze und verweisen auf die Konvergenz zu den von ihnen selbst ermittelten Merkmalen „guter Schulen“:

- „Orientierung an hohen, allen bekannten fachlichen und überfachlichen Leistungsstandards: positive Leistungserwartung und intellektuelle Herausforderung ...
- Hohe Wertschätzung von Wissen und Kompetenz ...
- Mitsprache und Verantwortungsübernahme durch Schülerinnen und Schüler ...
- Wertschätzende Beziehung zwischen Leitung, Lehrerinnen, Lehrern und Schülerinnen und Schülern ...
- Aushandlung und konsequente Handhabung von Regeln: Berechenbarkeit des Verhaltens ...
- Reichhaltiges Schulleben und vielfältige Entfaltungsmöglichkeiten für Lehrerinnen und Lehrer sowie Schülerinnen und Schüler ...
- Eine kooperative, aber deutlich wahrgenommene und zielbewusste Schulleitung ...
- Zusammenarbeit und Konsens im Kollegium ...
- Einbeziehung der Eltern ...
- Schulinterne Lehrerfortbildung ...“
  (POSCH / ALTRICHTER 1999)

Bei POSCH und ALTRICHTER findet man eine Erwähnung der überfachlichen Kompetenzen in dem Sinne, „dass neben disziplinären Standards auch das Bemühen um fächerverbindende Problemstellungen, die Schülerinnen und Schülern eine Integration des Wissens aus verschiedenen Disziplinen ermöglichen, einen hohen Stellenwert haben“ (POSCH / ALTRICHTER, 1999). Das Kriterium „Allen bekannt“ wird hier als schulinterne Transparenz der Ansprüche erläutert.

BROCKMEYER definiert Unterricht und Erziehung – und damit auch deren Inhalte – als Zielbereich schulischen Handelns. Entscheidungen, die diesen Bereich betreffen, gehören zur Weiterentwicklung des „Kerngeschäftes" der Schule (BROCKMEYER, 1998, S. 31 f.). Dieser Ansatz, der dem BLK-Programm „Qualitätsverbesserung in Schulen und Schulsystemen" zugrunde liegt, operiert mit einer prozessorientierten Festlegung der Relevanz von Inhalten, da er den Zielbereich „Unterricht und Erziehung" den Arbeitsbereichen des Programms „Professionalisierung", „Kontroll- und Unterstützungssysteme", und „Planerische Organisation" gegenübergestellt. Das Programm benennt als Schwerpunkt im Bereich von Unterricht und Erziehung u. a. den „Erwerb von Schlüsselqualifikationen und allgemeinen fachübergreifenden Kompetenzen und Stärkung einer innovativen Arbeitshaltung durch lernortübergreifende Arbeitsansätze und den Aufbau intelligenten Wissens" (BROCKMEYER, 1998, S. 33).

Innerhalb der aktuellen Qualitätsdiskussion werden „blinde Flecken" auf Seiten der Gegenstände und Inhalte von Unterricht und Erziehung nur selten registriert und kaum präzise benannt. BOENICKE und STEFFENS artikulieren die Schwierigkeiten mit einer materialen Definition von Schulqualität angesichts politischer und kultureller Unterschiede sowie stark differierender situativer Bedingungen. Sie benennen gleichzeitig auch die Schwächen einer vorrangig prozessorientierten Kriterienwahl: „Selbst (oder gerade) das am wenigsten strittige Qualitätsmerkmal „gute Schülerleistungen" erspart nicht die Auseinandersetzungen über verschiedene Qualitätsauffassungen, setzt es doch eine Verständigung darüber voraus, welche Kompetenzen der Leistungsbegriff einschließen soll …" (BOENICKE / STEFFENS, 1999, S. 19). Einen von ihnen erstellten Katalog von Qualitätsmerkmalen verstehen sie als Kategorienrahmen oder Gesprächsimpuls für einen solchen Verständigungsprozess. Er beschreibt als notwendige „Curriculare Entscheidungen" u. a. Kategorien wie „Für Schülerinnen und Schüler bedeutungsvolle Lehrinhalte und Lernziele“ und „Verbund von fachlichem, überfachlichem und außerunterrichtlichem Lernen“ und hat den Status eines heuristischen Suchrasters oder einer Landkarte, auf der sich Einzelschulen selbst verorten sollen.

Es besteht hier also weitgehende Einigkeit in der hohen Bedeutung, die der Erwerb von Schlüsselkompetenzen, das fachübergreifende Lernen und die Aneignung interdisziplinären Wissens für die Qualität der schulischen Bildung hat.

Vergleicht man die eben referierten Qualitätskriterien mit den Ansprüchen, die die oben bereits zitierten Delphi-Umfragen an die zukünftige Bildung richten, fällt neben vielen Übereinstimmungen auf, dass die Frage nach den bedeutungsvollen disziplinären wie interdisziplinären Wissensbeständen und den relevanten Bildungsinhalten in der Schulqualitätsdebatte allerdings weitgehend unbeantwortet bleibt und an die Einzelschule verwiesen wird. Damit wird das Problem allerdings nur verschoben und mit seiner Lösung werden die Schulen überfordert. Anhaltspunkte für eine präzisere Benennung von Qualitätsstandards liefert nach unserer Auffassung das schon erwähnte Bildungsdelphi, das sich ausführlich der Frage nach Qualität und Qualitätsmanagement in den Bildungseinrichtungen widmet. Dabei bietet es einen umfangreichen Katalog von Aspekten, die für ein Qualitätsmanagement des Bildungssystems maßgeblich sind. Das Ziel „Abstimmung mit sich verändernden Bedürfnissen und Anforderungen der Wissensgesellschaft (zeitgemäße Curricula, didaktische Konzepte)“ führt diese Liste an (INFRATEST, 1998, S. 69). Wie bereits weiter oben gezeigt wurde, liefern beide Delphi-Studien des BMBF sehr klare Aussagen über entsprechende Bedürfnisse und Anforderungen. Die bedeutendsten dieser künftigen Entwicklungen lassen sich im Bereich der Agenda 21-Themen verorten.

Angesichts der oben benannten Schwierigkeit zu einer inhaltlichen Füllung curricularer Qualitätsmerkmale zu gelangen, kann man durch die Delphi-Studien Anregungen und Hilfen gewinnen: Wir schlagen vor, die curriculare Seite schulischen Qualitätsmanagements als lokale und situative Konkretisierung des Ziels „Abstimmung mit sich verändernden Bedürfnissen und Anforderungen der Wissensgesellschaft (zeitgemäße Curricula, didaktische Konzepte)“ aus dem Bildungsdelphi zu begreifen. Den Akteuren des Prozesses schulischer Qualitätsverbesserung stehen mit den Delphi-Studien Kriterien, Themenangebote und Vorschläge für Unterrichtsinhalte zur Verfügung. Für eine Ausfüllung der „blinden Flecken“ innerhalb der Qualitätsdebatte lassen sich beispielsweise auf der Ebene der Einzelschule die in den Delphis ausführlich dargestellten relevanten Handlungsfelder, Themenkataloge und Wissensbestände nutzen und auf konkrete Situationen und Anlässe und spezifische Bedingungen beziehen. Ergebnis wäre ein schulspezifischer Katalog von Themen, Zielen, Inhalten und Methoden, der zum einen durch die Anbindung an die aktuelle Prognostik der Beliebigkeit entzogen und zum anderen durch die spezifische Konkretisierung für die Schülerinnen und Schüler von großer Relevanz ist.

Literatur

BROCKMEYER, R.: Qualitätsverbesserungen in Schulen und Schulsystemen. Gutachten zum Programm. Materialien zur Bildungsplanung und Forschungsförderung, Heft 71. Herausgegeben von der Bund-Länder-Kommission für Bildungsplanung und Forschungsförderung. Bonn 1998.

BOTKIN, J. W. / ELMANDJRA, M. / MALITZA, M.: Zukunftschance Lernen. Club of Rome Bericht für die achtziger Jahre. Wien / Zürich / Innsbruck 1979.

BUND / MISEREOR (Hrsg.): Zukunftsfähiges Deutschland. Ein Beitrag zu einer global nachhaltigen Entwicklung. Basel / Boston / Berlin 1996.

BUND-LÄNDER-KOMMISSION FÜR BILDUNGSPLANUNG UND FORSCHUNGSFÖRDERUNG (Hrsg.): Bildung für eine nachhaltige Entwicklung. Orientierungsrahmen. Materialien, Heft 69. Bonn 1998.

BUROW, OLAF-AXEL / NEUMANN-SCHÖNWETTER, MARINA (Hrsg.): Zukunftswerkstatt in Schule und Unterricht. Hamburg 1995.

DASCHNER, P. / ROLFF, H.-G. / STRYCK, T. (Hrsg.): Schulautonomie – Chancen und Grenzen. Weinheim / München 1995.

DEUTSCHER BUNDESTAG: Bundestags-Drucksache 12/3768: Umweltbildung und Umweltwissenschaften. Bonn 1992.

DEUTSCHER BUNDESTAG: Bundestags-Drucksache 12/8451: Umwelt 1994 – Politik für eine nachhaltige umweltgerechte Entwicklung. Bonn 1994.

DEUTSCHER BUNDESTAG: Bundestags-Drucksache 13/5238: Große Anfrage zu Umweltbildung. Bonn 1996.

DEUTSCHER BUNDESTAG: Bundestags-Drucksache 13/8213: Antwort der Bundesregierung auf die Große Anfrage zur Umweltbildung. Bonn 1997a.

DEUTSCHER BUNDESTAG: Bundestags-Drucksache 13/8878: Erster Bericht zur Umweltbildung. Unterrichtung durch die Bundesregierung vom 30.10.1997. Bonn 1997b.

DEUTSCHER BUNDESTAG: 14. Wahlperiode. Drucksache 14/3319. Beschlussempfehlung und Bericht: Bildung für eine nachhaltige Entwicklung v. 10.05.2000, Berlin 2000.

DEUTSCHES KINDERHILFSWERK e.V. (Hrsg.): Planen mit Phantasie. Zukunftswerkstatt und Planungszirkel für Kinder und Jugendliche. Berlin und Kiel 1996.

ECKHOLM, MATS: Schüler machen Schulprogramm und was man von Schweden lernen kann. In: Pädagogik 11/99, Themenheft Praxishilfen Schulprogramm. Weinheim 1999, S. 16–21.

„EINE WELT / DRITTE WELT" IN UNTERRICHT UND SCHULE. Beschluss der Kultusministerkonferenz vom 28.2.1997 i.d. Fassung vom 20.3.1998.

ENQUETE-KOMMISSION „Schutz des Menschen und der Umwelt des Deutschen Bundestages" (Hrsg.): Die Industriegesellschaft gestalten – Perspektiven für einen nachhaltigen Umgang mit Stoff- und Materialströmen, Drucksache 12/8260 vom 12.7.94. Bonn 1994.

ENQUETE-KOMMISSION „Schutz des Menschen und der Umwelt des Deutschen Bundestages" (Hrsg.): Konzept Nachhaltigkeit. Fundamente für die Gesellschaft von morgen. Zwischenbericht. Zur Sache 1/97. Bonn 1997.

ENQUETE-KOMMISSION „Schutz des Menschen und der Umwelt des Deutschen Bundestages" (Hrsg.): Konzept Nachhaltigkeit. Vom Leitbild zur Umsetzung, Abschlussbericht. Bonn 1998.

FEND, H.: Qualität im Bildungswesen. Schulforschung zu Systembedingungen, Schulprofilen und Lehrerleistung. Weinheim, München 1998.

FLEISCHER-BICKMANN, W.: Profil zeigen reicht nicht, In: Journal für Schulentwicklung, Heft 2. Innsbruck, Wien, München 1997.

FRAUNHOFER INSTITUT FÜR SYSTEMTECHNIK UND INNOVATIONSFORSCHUNG: Delphi 98 Umfrage: Zukunft nachgefragt. Studie zur globalen Entwicklung von Wissenschaft und Technik. Karlsruhe 1998.

HAAN, G. DE u. a.: Umweltbildung als Innovation. Bilanzierungen und Empfehlungen zu Modellversuchen und Forschungsvorhaben. Berlin / Heidelberg u. a. 1997.

HAAN, G. DE: Bildung für Nachhaltigkeit: Schlüsselkompetenzen, Umweltsyndrome und Schulprogramme. Paper 98-144, Berlin: Forschungsgruppe Umweltbildung FU Berlin. Berlin 1998.

HAAN, G. DE / HARENBERG, D.: Bildung für eine nachhaltige Entwicklung. Gutachten zum Programm. Materialien zur Bildungsplanung und Forschungsförderung, Heft 72. Herausgegeben von der Bund-Länder-Kommission für Bildungsplanung und Forschungsförderung. Bonn 1999.

HAAN, G. DE / HARENBERG, D.: Von der Agenda 21 zum Schulprogramm. In: Schulverwaltung spezial. Zeitschrift für Schulleitung, Schulaufsicht und Schulkultur. Heft 1/99, Schulprogramm – Mode oder Chance? Kronach, München, Bonn, Potsdam 1999; S. 28–30.

HAAN, G. DE / HARENBERG, D.: Schule und Agenda 21 – Beiträge zur Schulprogrammentwicklung und Qualitätsverbesserung. In Schulmagazin 5 bis 10, Heft 7-8 / 2000. München 2000, S. 7–12.

HARBORTH, H.-J.: Dauerhafte Entwicklung statt globaler Selbstzerstörung: Eine Einführung in das Konzept des „Sustainable Development“. Berlin 1993.

HARENBERG, D.: Endbericht der Studie: „Erschließung von Unterrichtsinhalten und -methoden zum Thema ‘Nachhaltige Entwicklung’ in der schulischen Bildung“ (3 Bände). Vorgelegt dem Bundesministerium für Bildung, Wissenschaft, Forschung und Technologie. Berlin 1998.

HENTIG, H. VON: Bildung, München, Wien 1996.

HUBER, J.: Nachhaltige Entwicklung. Strategien für eine ökologische und soziale Erdpolitik. Berlin 1995.

INTERKULTURELLE BILDUNG UND ERZIEHUNG IN DER SCHULE. Beschluss der Kultusministerkonferenz vom 25.10.1996.

KASTENHOLZ, H. G. / ERDMANN, K. H. / WOLFF, M. (Hrsg.): Nachhaltige Entwicklung. Zukunftschancen für Mensch und Umwelt. Berlin, Heidelberg 1996.

LANDESINSTITUT FÜR SCHULE UND WEITERBILDUNG DES LANDES NORDRHEIN-WESTFALEN (Hrsg.): Die Zukunft denken – die Gegenwart gestalten. Handbuch für Schule, Unterricht und Lehrerbildung zur Studie „Zukunftsfähiges Deutschland". Weinheim, Basel 1997.

MARTENS, E. / NIPKOW, K. E. (1995): Lernbereich Philosophie – Religion – Ethik. In: Haller, H. D. / Meyer, H. (1995) Enzyklopädie Erziehungswissenschaft. Band 3. Ziele der Erziehung und des Unterrichts. Stuttgart, Dresden, S. 185.

POSCH, P. / ALTRICHTER, H.: Schulqualität. Wien 1999 http://www.qis.at/pdf/schulqualität.pdf – 48 K – 18.Jan 2000.

PROGNOS AG, BASEL / INFRATEST BURKE SOZIALFORSCHUNG GMBH & CO, MÜNCHEN: Delphi-Befragung 1996/1998 „Potenziale und Dimensionen der Wissensgesellschaft – Auswirkungen auf Bildungsprozesse und Bildungsstrukturen", durchgeführt im Auftrag des Bundesministeriums für Bildung, Wissenschaft, Forschung und Technologie – Integrierter Abschlussbericht – Zusammenfassung von Delphi I „Wissensdelphi" und Delphi II „Bildungsdelphi". München / Basel 1998.

INFRATEST BURKE SOZIALFORSCHUNG GMBH & CO, MÜNCHEN: Delphi-Befragung 1996/1998 „Potenziale und Dimensionen der Wissensgesellschaft – Auswirkungen auf Bildungsprozesse und Bildungsstrukturen", durchgeführt im Auftrag des Bundesministeriums für Bildung, Wissenschaft, Forschung und Technologie – Abschlussbericht zum „Bildungs-Delphi". München 1998.

RICHTER, C.: Schlüsselqualifikationen. Alling 1997.

RAT VON SACHVERSTÄNDIGEN FÜR UMWELTFRAGEN (RSU): Umweltgutachten 1994. Deutscher Bundestag, Drucksache 12/6995. Bonn 1994.

RAT VON SACHVERSTÄNDIGEN FÜR UMWELTFRAGEN (RSU): Umweltgutachten 1996, Stuttgart 1996 a.

SCHNELLER, INGO / SCHUMACHER, ROLF: Das szenische Spiel als Lernform in der Hauptschule. Oldenburg 1987.

STIFTUNG VERBRAUCHERINSTITUT (Hrsg.): Jacke wie Hose? Produktlinienanalyse am Beispiel von Textilien (CD-Rom). Berlin 1998.

VON REIBNITZ, UTE: Szenario-Technik. Instrumente für die unternehmerische und persönliche Erfolgsplanung. Gabler Verlag, Wiesbaden 1992.

WEINBRENNER, PETER: Die Szenario-Methode als Mittel zum kreativitätsfördernden Lernen – gezeigt am Beispiel des Themas „Multikulturelle Gesellschaft". Schriften zur Didaktik der Wirtschafts- und Sozialwissenschaften Nr. 33.

HANS DÖBERT

Neue Lern- und Lehrkultur – Diskussionen und Entwicklungen

In Schulen zu investieren, bedeute reine Geldverschwendung. Mit dieser These provozierte ERIC HANUSHEK Anfang der 1980er-Jahre die amerikanische Öffentlichkeit (vgl. 1981). Lehrer würden zwar im Durchschnitt gut bezahlt, was sie leisten bliebe jedoch ihr Geheimnis. Schüler erhielten im Prinzip kostenlosen Unterricht, was sie tatsächlich wissen und können, ließe sich allenfalls nur unvollkommen feststellen. Das Schulwesen benötige immer mehr Mittel, ohne qualitativ Neues zu liefern. Eine Produktivitäts- und Qualitätssteigerung sei nicht erkennbar, so HANUSHEK. Forderungen nach Veränderungen von Schule und Unterricht sowie auch nach Privatisierung sind die logische Folge solcher Einschätzungen.

Tatsächlich greifen seit Generationen Lehrerinnen und Lehrer überwiegend auf Bewährtes zurück, mit dem sich vielfältige Erfahrungen des Gelingens verbinden. Schule sichert dadurch nicht unwesentlich eine gewisse Kontinuität und Stabilität von Bildung und Erziehung. Demgegenüber kann auf diese Weise eine bestimmte Praxis zum festen Bestandteil von Schule und Unterricht werden, deren Modernisierungsbedarf mehr als offensichtlich ist. So findet beispielsweise der Frontalunterricht nach wie vor recht breite Verwendung, auch wenn inzwischen ein anderes Verständnis von Unterricht gefordert wird (vgl. DELPHI-BEFRAGUNG 1996/1998) und vielerorts entsprechende Reformvorhaben und -praktiken andere Unterrichtsmethoden für die schultägliche Unterrichtspraxis aufbereitet haben. Der Frontalunterricht, das ist verbreitete Praxiserfahrung, organisiert überschaubar und praktikabel Zeit, verteilt die Rollen im Unterrichtsgeschehen klar und abrechenbar, ermöglicht einigermaßen die Überprüfung der Lernfortschritte, entspricht damit also mehr den üblichen Lernerwartungen als etwa eine Projektwoche. Neue Unterrichtsansätze, wie neue Wege generell, haben immer mit dem Problem der Beweislast zu tun, die sie oft nur schwer erfüllen können.

Schule und Unterricht unterstellen nicht unwesentlich Wirkungsannahmen, für die es teilweise keine empirisch fundierten Belege gibt. Beispielsweise wird angenommen, dass der Erfolg des Mathematikunterrichts nur eintreten kann, wenn mindestens fünf Stunden Mathematik je Woche erteilt werden, der Erfolg des Sportunterrichts hingegen schon mit zwei Stunden pro Woche erreicht werden kann. Als Beispiele könnten auch beliebig andere Fächer gewählt werden. Der Kanon der Fächer, die Zeiteinteilung des Unterrichts auf eine Schulwoche, die Anzahl der Stunden je Fach usw. Alles das sind tradierte Standardangaben, die weitgehend unabhängig von den personellen, regionalen, sächlichen und sonstigen Bedingungen der Schulen und der handelnden Personen sind. Es ist zum Beispiel nicht klar, was drei Stunden Englisch unter bestimmten Bedingungen im Vergleich zu zwei Stunden Englisch unter anderen Bedingungen in Bezug auf Wissen und Können der Schüler tatsächlich bewirken. Wissenschaftlich nicht gesichert ist auch, wieviel Stunden Englisch je Woche in wieviel Jahren unter welchen Bedingungen welche Sprachkompetenz hervorbringen. Erwartet wird lediglich, dass mehr Anteile an der Standardzeit den Erfolg von Fächern verbessern. Und damit wäre jede Stundenreduzierung in welchem Fach auch immer eine nicht zu tolerierende Maßnahme, auch weil davon andere Fächer, bisherige oder neue, profitieren könnten, über deren Erfolgsaussichten ebenso wenig bekannt ist (vgl. OELKERS 1998).

Von der Notwendigkeit eines Umdenkens in Bezug auf den Unterricht

Dieses bisherige Verständnis von Schule und Unterricht steht angesichts der sich verändernden Rahmenbedingungen von Bildung auf dem Prüfstand. Unter dem Einfluss der modernen Medien deuten sich neuere Entwicklungen bezüglich der Lernorte und -arrangements an, die unmittelbare Auswirkungen auf die Schule und den Unterricht haben werden[1]. Stichwortartig seien genannt: Bildung orientiert sich zunehmend an differenzierteren Lernzielen; die Ausweitung des Wissens sprengt den Rahmen der traditionellen Fächerorientierungen; die Lerneffektivität der tradierten Methoden konkurriert mit neuen Ansätzen; die Individualität der Lernenden wird bei der Auswahl und der Gestaltung der für den Einzelnen geeigneten Lernarrangements stärker berücksichtigt; die zeitliche Gestaltung von Bildungsprozessen wird entzerrt; die Basisbeziehung der Bildung (Lehrender-Lernender) wird zunehmend durch wachsende Netzwerke des Lernens ergänzt und teilweise auch abgelöst.

Von außen wird die Ordnung und Routine der formellen Bildungsinstitution Schule immer stärker durch eine neue, informelle Lernpraxis dynamisiert. Von innen wird sie aufgebrochen durch das Eindringen dezentraler, wenig formalisierbarer Bildungselemente. Dazu gehören z. B. auch die durch die Aktion „Schulen ans Netz“ angeregten Kommunikationsbeziehungen zur Welt außerhalb der Schule. Die neuen Lernarrangements entspringen weniger einer inneren Reformdynamik in den Schulen und bei den Schulträgern; sie entstehen vielmehr aufgrund einer erweiterten Palette der Möglichkeiten und Angebote in Gestalt neuer Akteure und neuer

[1] Die folgenden Aussagen stützen sich weitgehend auf Ergebnisse einer Delphi-Studie mit dem Titel „Potenziale und Dimensionen der Wissensgesellschaft – Auswirkungen auf Bildungsprozesse und Bildungsstrukturen“ (1998), mit der der Versuch einer weitreichenden Prognose für die Gestaltung eines zukunftsfähigen Bildungssystems gewagt wird.

Medien. Die Bedeutung des Erwerbs von Kernkompetenzen wächst. Für die schulische Bildung heißt dies insbesondere, dass lerntechnische / lernmethodische *Kompetenzen*, psychosoziale (Human-) Kompetenzen, Fremdsprachenkompetenzen, Medienkompetenzen, interkulturelle Kompetenzen und spezifische Fachkompetenzen unabhängig von den Schulformen zu entwickeln sind. Lernen erfährt zudem eine Bedeutungserweiterung: Die Vermittlung vorgegebener, klar definierter Lerninhalte in der Schule verliert an Gewicht. Die Schule ist nicht (mehr) die Erstvermittlungsinstanz für Wissen. Korrespondierend dazu werden individuelle, flexible Lernprozesse relevanter. Zu erwarten ist eine Dynamisierung des Lernens, wobei dieses immer mehr im Wechsel zwischen informell-situativen und organisierten Formen stattfindet. Lernende und Lehrende stehen vor einem Rollenwandel. Die Lehrerrolle wird sich vom Vermitteln des Wissens in Richtung auf Systematisierung und kritisches Hinterfragen des auch an anderen Lernorten angeeigneten Wissens, auf die Moderation sozialer Lernnetzwerke und auf die Organisation der Anwendung von Wissen in realen Lebenssituationen verändern.

Qualitätssicherung und Qualitätsmanagement werden angesichts dieser Tendenzen immer wichtiger. Die Ausgestaltung strategisch ausgerichteter Personalentwicklungskonzepte zählt zu den vorrangigen Aufgaben im Schulwesen. Als wesentliche Elemente eines zukunftsfähigen Qualitätsmanagements gelten angemessene Beurteilungsverfahren für Lehrer, ein regelmäßiges Feedback und die kontinuierliche Evaluation der Leistungen aus unterschiedlichen Perspektiven (Schulaufsicht, Schüler u. a.) ebenso wie eine von den Erfordernissen und Bedingungen der Schule bestimmte und von diesen gesteuerte Personalauswahl. Die von der Schule in geeigneter Weise zu bestimmenden Entwicklungsziele, Standards und Rahmenbedingungen – etwa in Form eines Schulprogramms – gehen damit als entscheidender Maßstab in die Festsetzung und Begründung der personellen und sächlichen Ausstattung einer Schule ein.

Auch die sich wandelnde Arbeitswelt hat unmittelbaren Einfluss auf das Schulwesen. Die neuen Medien, Technologien und Wirtschaftsbereiche verändern die Qualifikationsanforderungen. Zwar sind traditionelle Arbeitsfertigkeiten und entsprechende Kenntnisse vor allem für Handwerks- und Kleinbetriebe auch weiterhin relevant. In expandierenden Wirtschaftssektoren, in technologieintensiven Unternehmen und Arbeitsfeldern ist hingegen ein Höchstmaß an Flexibilität, Eigenverantwortung und Bereitschaft zu innovativem Handeln gefordert. Dadurch werden entsprechende Qualifikationen und Kompetenzen besonders nachgefragt. Diese veränderten wirtschaftlichen und gesellschaftlichen Rahmenbedingungen haben nicht unerheblichen Einfluss auf das Entstehen neuer Schulwirklichkeiten. Ohne sich kurzfristigen Modeströmungen anzupassen, muss die Schule im Spannungsverhältnis zwischen den Bildungsbedürfnissen des Einzelnen und den Anforderungen der Abnehmersysteme vermitteln. Das kann nicht ohne Auswirkungen auf die schulische Organisation von Unterricht und Erziehung bleiben: Eine anspruchsvolle und umfassende inhaltliche Grundbildung aller Schüler – mit der Betonung bestimmter Angebote, etwa fremdsprachlicher oder mathematisch-naturwissenschaftlicher, – ist ebenso erforderlich wie die Erweiterung der Möglichkeiten gezielter Leistungsentwicklung. Konkurrenzfähige Qualifikationen, zu denen die Schule den Grundstock legen muss, sind Grundbedingung für die Versorgung jedes Wirtschaftsraums mit qualifizierten Arbeitskräften.

Internationale Entwicklungen

Gegenwärtig sind in allen vergleichbaren Industrieländern ähnliche Modernisierungs- bzw. Reformbestrebungen im Bildungsbereich festzustellen: Überwiegend geht es in den Diskussionen um sehr grundlegende Fragen der Weiterentwicklung von Bildung angesichts der Veränderungen in Wirtschaft und Gesellschaft, beispielsweise die Neubestimmung von Bildungszielen und -inhalten, die Erhöhung der Leistungsfähigkeit von Bildungseinrichtungen und die Sicherung von Chancengleichheit bei andauernder Mittelknappheit. Darüber hinaus steht die Schaffung von jeweils spezifischen Rahmenbedingungen durch eine größere Autonomie von Bildungseinrichtungen (z.B. Dänemark, Österreich, Schweiz) sowie, um ein weiteres Beispiel zu nennen, durch die Flexibilisierung von Strukturen der Bildungsverwaltungen auf dem Prüfstand. Schließlich geht es teilweise aber auch um die Beseitigung von Mängeln, die in der Öffentlichkeit zunehmend beklagt werden.

Den aktuellen bildungspolitischen Diskussionen auf der Ebene der Europäischen Union (EU) liegt als hauptsächlicher Leitgedanke der fortlaufende Aufbau eines europäischen Bildungsraumes zugrunde. In einer sich schnell ändernden Welt sollen die europäischen Gesellschaften allen Bürgern, unabhängig vom Alter und der sozialen Situation, verstärkt die Möglichkeiten des Zugangs zum Wissen geben („Europa des Wissens"). Das meint einen europäischen Bildungsraum im weitesten Sinne, sowohl in geographischer als auch in zeitlicher Hinsicht. Die Europäische Kommission hat Ende 1999 die Initiative „eEurope – Eine Informationsgesellschaft für alle" eingeleitet, die in erster Linie alle Bürger, Haushalte, Schulen, Unternehmen und Verwaltungen ans Netz und ins digitale Zeitalter führen soll. Die Initiative konzentriert sich auf zehn prioritäre Bereiche, zu denen auch die Einführung des Internets und multimedialer Werkzeuge an Schulen, die Anpassung des Bildungswesens an das digitale Zeitalter sowie die Gewährleistung des schnellen Internet-Zugangs für Schüler und Studenten gehört, um kooperatives Lernen und Arbeiten zu fördern. Die Expansion der Informationstechnologien und -netze schafft neue Formen der Sozialisation und andere Sozialisationseffekte. Das größte Problem der neuen Technologien für Bildung – so der Delors-Bericht der UNESCO zur

Bildung für das 21. Jahrhundert – besteht offenbar darin, dass neue Ungleichheiten geschaffen bzw. bestehende verstärkt werden, je nachdem welchen Zugang der Einzelne zu Wissen und Informationen hat (siehe LERNFÄHIGKEIT, 1997, S. 52ff.). In der Verantwortlichkeit der Schulsysteme in Europa ist es, jedem Schüler die Möglichkeiten einzuräumen, Zugang zu den Informationen zu erhalten und zugleich diesen Informationsfluss kognitiv und psychisch zu bewältigen. Die optimale Nutzung des Wissens setzt die Schaffung neuer Formen der Anerkennung von Kompetenzen voraus. In allen europäischen Staaten wird daher versucht, sich eingehend mit der Frage der „Schlüsselkompetenzen" und der optimalen Möglichkeiten ihres Erwerbs, ihrer Bewertung und ihrer Zertifizierung zu beschäftigen. In der Diskussion ist der Vorschlag, einen europäischen Prozess des Vergleichens und Verbreitens von entsprechenden Definitionen, Methoden und Praktiken zu schaffen (siehe WEISSBUCH, 1996). Die Ausgangsidee ist, eine Reihe von (Mindest-)Anforderungen an definierte Wissensbereiche allgemeiner und beruflicher Art (Mathematik, Sprachen, Finanzen, Management usw.) zu bestimmen, dafür Validierungsverfahren zu entwickeln und neue, flexiblere Formen der Anerkennung von Kompetenzen anzubieten.

Im Anschluss an außereuropäische, vorwiegend nordamerikanische Entwicklungen sowie im Kontext internationaler Leistungsvergleiche wird derzeit breit über Bildungsziele, Leitbilder u. Ä. diskutiert (vgl. SCHWEIZER HOCHSCHULREKTORENKONFERENZ, 1998). Feststellbar ist dabei ein Trend zur Verstärkung des Praxisbezugs von Bildungsgängen, der die Attraktivität von Absolventen der Bildungseinrichtungen bei den Abnehmern im Wirtschaftssystem beträchtlich zu erhöhen vermag (Begriff der „Handlungsorientierten Grundausbildung"). Formen einer effektiveren Vernetzung von allgemeiner und beruflicher Bildung (Partnerschaften zwischen Schulen, Hochschulen und Wirtschaftsunternehmen) erweisen sich in diesem Zusammenhang als signifikanter Innovationsfaktor.

In diesem Kontext zeichnet sich ein Umdenken in der Berufsbildung ab. Lernen in der Praxis wird stärker gewichtet; der immer wieder betonte Gegensatz von schulischer und betrieblicher Ausbildung erweist sich international als überholt (siehe UNESCO heute 2/1999). Ein wesentliches Bildungsziel ist die Ausprägung der Fähigkeit zu lebenslangem Lernen. Die traditionelle Abfolge Bildung, Arbeit, Ruhestand, die entsprechende Zuordnung von Altersgruppen sowie die bisherige Unterscheidung zwischen institutionellen und informellen Lernformen wird unter der Sicht der veränderten Qualifikationsanforderungen als hinfällig angesehen. Das Konzept des lebenslangen oder lebensbegleitenden Lernens beruht auf den vier Säulen: „Lernen, Wissen zu erwerben", „Lernen, zu handeln", „Lernen, zusammenzuleben" und „Lernen für das Leben" (siehe LERNFÄHIGKEIT, 1997, S. 73ff.).

Das Thema, das wohl international die Diskussion um Schule und Unterricht am stärksten beherrscht, gilt der Qualität und *Qualitätssicherung*. Gemeinsam mit dem Problembereich der Dezentralisierung bildungspolitischer Entscheidungen bildet es einen Kernpunkt der Diskussion auf der Ebene der EU und der OECD. Vor allem wird um benchmarks gestritten, welche ein „gutes" Schulsystem charakterisieren sollen. Experten und Politiker in Staaten wie Frankreich, England, Schweden und der Schweiz, die über nationale Indikatorensysteme zur jährlichen Diagnose bzw. zum fortlaufenden monitoring der Funktionstüchtigkeit des Schulsystems und seiner Teile verfügen, bestimmen dabei den Diskurs und die Entwicklung. Ihre „Sogwirkung" ist so groß, dass selbst Staaten, die sich bei Leistungsbewertungen und -ermittlungen bisher sehr zurückgehalten haben (z.B. Dänemark), nun dazu übergehen, ebenfalls regelmäßige Leistungsmessungen vorzunehmen. In Dänemark wurde beispielsweise nach den OECD- und TIMS-Studien ein nationales Institut zur Evaluation von Schulleistungen gegründet. Erörtert wird vorrangig, welche Rolle unterschiedlichen Qualitätsentwicklungs- und Evaluationsansätzen für die Fortentwicklung des jeweiligen Schulwesens zukommt und wie eine nationale „Qualitäts- und Evaluationspolitik“ gestaltet werden könnte bzw. sollte. Während in den angelsächsischen Ländern beispielsweise nahezu undiskutiert fachliche Schülerleistungen als zentrale Ergebnisse des Bildungsprozesses angesehen und im Rahmen zentraler Tests auch als Qualitätsindikatoren verwendet werden, sind die deutschsprachigen Länder strukturell in einer anderen Situation. Aufgaben und Ziele der Schule enthalten auch erzieherische Funktionen, die Vermittlung von Werten und die so genannten „Cross Curricular Competencies (CCC)“. Diese komplexeren Fähigkeiten sind einem testenden Zugriff schwerer zugänglich. Als eine der Folgen dieses Schulverständnisses ist hier die Kultur des Testens und Messens weniger entwickelt, und die Diskussion um Leistungsmessungen vollzieht sich polarisierter. Die gegenwärtigen bildungspolitischen Reaktionen in Europa auf die Qualitätsproblematik lassen sich durch zwei Tendenzen umreißen: Zum einen wächst der Einfluss international-vergleichender Bildungsindikatoren (Makrobereich) auf nationale bildungspolitische Entscheidungen, während zum anderen Selbstevaluationen (Mikrobereich) der einzelnen Schulen ermutigt und gefördert werden. Genau diese Konzentration der Qualitätsevaluation auf die Makroebene internationaler Vergleiche und auf die Mikroebene schulischen Handelns wird unter verschiedenen Aspekten kritisch diskutiert: Internationale Leistungsmessungen würden nur einen Teil der für ein nationales Systemmonotoring erforderlichen Informationen liefern (Tenor in der Schweiz), und Ergebnisse und Handlungsprogramme auf den beiden Ebenen wären kaum miteinander zu verknüpfen (Österreich). Internationale Vergleichsstudien haben sich in den letzten Jahren zu wichtigen Instrumenten der Systemdiagnose entwickelt. Die heutige Situation unterscheidet sich grundlegend von jener vergangener Jahre, als die Ergebnisse solche Studien von der Öffentlichkeit kaum zur Kenntnis genommen wurden. Heute sind „Education at a Glance“ und die

Rankings internationaler Leistungsvergleiche zu wichtigen Grundlagen nationaler bildungspolitischer Argumentation und Legitimation geworden. Aus den Ergebnissen internationaler Studien werden oft weitreichende Schlussfolgerungen diskutiert. Der dabei postulierte Zusammenhang zwischen Schülerleistungen und wirtschaftlicher Wettbewerbsfähigkeit eines Landes ist empirisch jedoch kaum evident und wahrscheinlich auch schwer zu erbringen.

Verschärft durch die Qualitätsanforderungen, die an das Schulwesen gestellt werden, sowie durch sich zuspitzende regionale soziale Probleme wird in mehreren europäischen Staaten (Dänemark, Niederlande, Frankreich) versucht, dem dadurch entstandenen Problem durch eine stärkere Öffnung von Bildungseinrichtungen, besonders im Schulbereich, zu begegnen. Exemplarisch steht hierfür das Modell der brede school aus den Niederlanden. In dieser „breiten Schule“, für die meistens ein breites Angebot an allgemeiner und beruflicher Bildung charakteristisch ist, arbeiten Lehrer, Sozialarbeiter, Eltern und andere „Erzieher“ daran, „lernmüde“ und sozial benachteiligte junge Menschen in Bildungsprozesse zu integrieren und dafür zu motivieren. Solche Schulen, die für einen Stadtteil offen sind, stellen für diese Jugendlichen „Brücken“ zur Gesellschaft dar. Ein ähnliches Konzept enthalten die „Produktionsschulen“ in Dänemark. Mit diesem Konzept ist eine grundsätzliche Änderung der Lehrerarbeitszeit verbunden. Lehrer werden nicht mehr nach den unterrichteten Wochenstunden besoldet, sondern entsprechend dem Gesamtvolumen des verbreiterten Aufgabenspektrums.

Erfahrungen neuer Lern- und Lehrkultur an deutschen Schulen

Auch in Deutschland besteht weitgehender Konsens darüber, dass die neuen Herausforderungen an Bildung (lebenslanges Lernen, Schlüsselkompetenzen, neue Medien u. a.) auch eine neue Lern- und Lehrkultur sowie ein neues Verständnis von Unterricht erfordern. Die Umsetzung dieser Einsicht in administrative Steuerung, in curriculare und unterrichtliche Praxis ist ein wesentlicher Anspruch sowohl an Bildungspolitik und Bildungsverwaltung als auch an schultägliche Unterrichtsgestaltung und die bestehenden Unterstützungssysteme. In diesem Kontext werden vor allem zwei Hauptprobleme diskutiert: zum einen die Frage, wie eine andere Lern- und Lehrkultur erreicht werden kann, die es erlaubt, Lehren und Lernen zu modifizieren, und zum anderen, welche Konsequenzen nötig sind, die vorhandenen „best-practice"-Beispiele auf alltägliche Schul- und Unterrichtspraxis zu übertragen und welche Hemmnisse dem entgegenstehen.

Bei der Suche nach Antworten, das zeigen vorliegende Erfahrungen etwa aus der Region Herford, wird es wesentlich darauf ankommen, Strategien des Wandels, der Veränderung von Lehr- und Lernprozessen über den einzelnen Lehrer und die Einzelschule hinaus, etwa in einer Region, zu identifizieren. Aus internationaler Perspektive haben sich zwei Strategien bewährt: eine konsequente Personalentwicklung, einschließlich der Lehrerfortbildung in Teams, und die Einführung des systemischen Denkens und Handelns von der Administration bis zu den Akteuren der einzelnen Unterrichtsstunde (vgl. CZERWANSKI, A., in diesem Band). Dieser eher politisch-administrative Ansatz muss mit einem pädagogisch-fachlichen Systemansatz einhergehen. Dazu sollten zum Beispiel Schulentwicklungsplanung und didaktisches Training miteinander verbunden werden, um die nötige professionelle Kultur zu erreichen. Die entscheidenden Stichworte heißen dabei Partnerschaft, Kooperation und Dialog, möglichst in einer Bildungsregion. Die Entwicklung einer neuen Lern- und Lehrkultur braucht zudem Ressourcen, vor allem Kraft und Zeit der Lehrkräfte. Das muss künftig genauer bestimmt werden. Dabei zeigt sich schon jetzt, dass vor allem die Aspekte der Personalität (personaler Ansatz), beginnend bei der Persönlichkeit jeder Lehrkraft, der Einbeziehung der Schülerinnen und Schüler sowie des schüleraktiven Lernens durch das „*Cooperative Learning*“ wichtige Eckpunkte sein werden. Damit stellte sich auch die Frage geeigneter Unterstützungssysteme, die die Weiterführung begonnener Entwicklungsprozesse in einer Schule oder Region nicht nur sichern, sondern deren Übertragbarkeit auf andere Schulen mit anderen Bedingungen ermöglichen.

Als gewinnbringend hat sich auch der Ansatz erwiesen, die Schaffung einer neuen Lern- und Lehrkultur als Bestandteil einer ganzheitlichen Schulentwicklung anzusehen. Wie Diskussionen, etwa im Rahmen des Forum Bildung (vgl. ERSTER KONGRESS 2000), zeigen, beginnt die nachhaltige Veränderung von Lernprozessen zwar bei der einzelnen Lehrkraft, jedoch ist sie nur in der Schule insgesamt dauerhaft möglich. Als ein dabei pädagogisch wie administrativ weitgehend ungelöstes Problem stellt sich das der so genannten Seiteneinsteiger für Schulen (Angebotsschulen) dar, die ein besonderes Konzept haben und ein entsprechendes Profil anstreben. Eine gesicherte Erkenntnis hingegen scheint zu sein, dass im Interesse der Entwicklung der Persönlichkeit jeder Schülerin und jedes Schülers das Verhältnis von Lernen bzw. Arbeiten und Präsentation der Ergebnisse systematisch in den Unterricht eingebaut werden sollte. Lernen, vor allem anwendungsbezogenes Lernen ist in hohem Maße *soziales Lernen*. Ein solcher Lernprozess, der die Ausprägung erforderlicher Sozialkompetenzen einschließt, muss bereits im Kindergarten beginnen. In ihm spielen neben den Lehrkräften auch Partner und Ressourcen außerhalb der Schule eine bedeutende Rolle. Damit stellt sich die Frage, wie unter den Bedingungen veränderter Bildungswirklichkeiten Partner „vor Ort“ stärker in den Lernprozess einbezogen werden können und Öffnung von Schule konkret gestaltet werden kann. Bedenkenswert ist auch das Problem, wie zusätzliche Kompetenzen, eventuell auch zertifiziert, in und um Schule angeboten und vermittelt werden können („Internet-Führerschein“, Sprachdiplome u. Ä.).

Auch die Herausforderungen an die Veränderung des Unterrichts und der bisherigen Unterrichtsszenarien durch neue Medien geben Impulse für moderne Lern- und Lehrformen, die Teil einer adäquaten Lern- und Arbeitskultur an der ganzen Schule sein müssen. Die neuen Medien scheinen ein wesentlicher Weg in den fachübergreifenden und den anwendungsorientierten Unterrichts durch Problemsimulationen zu sein. Sie erfordern und befördern zudem die Schaffung entsprechender regionaler, nationaler und internationaler Netzwerke. Die Nutzung mediengestützter neuer Unterrichtsformen, einschließlich der Förderung einer kritischen *Medienkompetenz* bei Schülerschaft und Lehrkräften, wird über entsprechende Schul- und Unterrichtskonzepte hinaus die Lehrerausbildung verändern, wie entsprechende Modellversuche beispielsweise zu „Neue Lernwelten in Schule und zweiter Phase der Lehrerausbildung" zeigen (vgl. ERSTER KONGRESS, 2000). In Verbindung mit dem schon sichtbaren Paradigmenwechsel in der Lehrerfortbildung, von der Qualifizierung der einzelnen Lehrkraft zu ihrer Qualifizierung in Teams und der der Schule, wird die veränderte Lehrerausbildung ein wichtiges Moment der notwendigen Qualifizierungsoffensive sein. Erforderlich ist darüber hinaus ein Umdenken in Bezug auf das Konzept, die Didaktik und die Organisation von Schule und Unterricht. Das Stichwort heißt „problem-based learning". Dabei geht es vor allem darum, wie Lern-Settings genutzt werden können, in denen Schüler zunehmend reale Aufgaben des „wirklichen" Lebens lösen. Damit stellt sich nicht nur die Frage der Situativität des Lernens neu, sondern auch die der einer solchen Lernlogik gemäßen Organisation des Lernens. So folgt etwa der weithin bestehende 45-Minuten-Takt des Unterrichts kaum einer begründeten Lernlogik. Der ganze Problemkreis der traditionellen Rhythmisierung von Schulleben und Unterricht scheint damit unter neuen Bedingungen und Herausforderungen kritisch hinterfragt zu werden. Erfahrungen mit dem jahrgangsübergreifenden Unterricht bestätigen offenbar diese Ansätze der Öffnung bisheriger Rhythmisierung.

Als wesentliche Schwerpunkte und Einsichten bisheriger Ansätze der Entwicklung einer neuen Lern- und Lehrkultur lassen sich zusammenfassend festhalten:

- Die Entwicklung und Verbreitung einer neuen Lern- und Lehrkultur verlangen offenbar die Realisierung eines systemischen Ansatzes, der administrativ-politische und pädagogisch-fachliche Momente in einer Bildungsregion zusammenführt. Dabei müssen Strategien des Wandels, übergreifende wie regionalspezifische, bestimmt und für die Öffentlichkeit transparent beschrieben werden.

- Erfolgversprechend ist die Entwicklung einer zeitgemäßen neuen Lern- und Lehrkultur letztlich nur, wenn sie mit der Gestaltung des inner- und außerschulischen Lebens insgesamt verbunden ist. Sie muss integrativer Bestandteil eines Schulentwicklungskonzepts sein und bedarf solcher Unterstützungssysteme, die begonnene Entwicklungsprozesse nicht nur am Leben erhalten, sondern deren Übertragbarkeit sichern helfen.

- Lernen vollzieht sich überwiegend kontextgebunden. Entscheidende Elemente des Kontextes sind dabei die beteiligten Personen und die jeweilige Situation. Nicht hoch genug kann daher die Bedeutung des verantwortlichen Einbezugs der Schülerinnen und Schüler wie auch der Eltern eingeschätzt werden. Der Entwicklung der einzelnen Lehrerpersönlichkeit wie auch der des Personals einer Schule insgesamt muss gerade im Zuge der Professionalisierung der Lehrerrolle verstärkt Aufmerksamkeit geschenkt werden.

- Erforderlich ist ein Umdenken in Bezug auf Konzept, Didaktik und Organisation von Unterricht (Stichwort: „problem-based learning“). Mit veränderten Lern-Settings müssen Schülerinnen und Schüler vor problembezogene Aufgaben des möglichst „realen“ Lebens gestellt werden. Vor allem sind vielfältige Situationen der Anwendung von Lernen nötig.

- Die Nutzung neuer Medien ist ein wesentlicher Weg in das fächerübergreifende und anwendungsorientierte Lernen durch Problemsimulationen. Sie erfordert zugleich Veränderungen in der Lehrerausbildung, insbesondere in deren zweiter Phase, sowie die Weiterführung des begonnenen Paradigmenwechsels in der Lehrerfortbildung.

Die genannten Schwerpunkte und Einsichten enthalten sowohl Lösungsansätze als auch Problembereiche, die weiter vertieft werden müssen. Wichtige Fragestellungen werden dabei sein: Welche neue Lern- und Lehrkultur wird für lebenslanges Lernen, den Erwerb von Schlüsselkompetenzen und die Einbeziehung neuer Medien benötigt? Wie kann dabei der zunehmenden Heterogenität der Lernenden Rechnung getragen werden? Was muss getan werden, damit schulisches Lernen nicht zusammenhangloses Wissen vermittelt, sondern der Situation und den beteiligten Personen größere Aufmerksamkeit schenkt? Wie lassen sich intelligente Formen der Übens und Wiederholens im Unterricht anwenden, die die Vermittlung von Problemlösungsfähigkeit fördern? Wie lässt sich eine entsprechende Aus- und Weiterbildung von Lehrenden gestalten? Wie lässt sich eine enge und dauerhafte Kooperation der an Bildung beteiligten Institutionen und Träger, insbesondere auf regionaler Ebene, organisieren?

Umdenken auch bei der Unterrichtsgestaltung

Nicht zuletzt ausgelöst durch internationale Vergleichsstudien ist der Unterricht in Deutschland wieder ins Zentrum der Aufmerksamkeit gerückt. Insbesondere steht die am meisten verbreitete, traditionelle Form des Unterrichts, der *Frontalunterricht*, zur Disposition. Beim Frontalunterricht vermittelt der Lehrer an alle Schüler gleichzeitig ein bestimmtes Stoffpensum. Dieser Unterricht ist lehrerzentriert und stofforientiert, die Schüler sind nicht selten passiv und zum Teil verständnislos.

Nach deutschen wie internationalen Untersuchungen gewährleistet eine andere Unterrichtsform, die *direkte Instruktion*, den größten durchschnittlichen und individuellen Lernerfolg von Schülern, wenn es darum geht, in systematischer Weise richtiges Wissen und notwendiges Können aufzubauen. Die direkte Instruktion ist zwar lehrergesteuert, aber stark schülerzentriert. Der Lehrer übernimmt die volle Verantwortung, dass Schüler trotz unterschiedlicher Lernvoraussetzungen in aktiver Weise die wichtigsten Lehrinhalte mit einem tieferen Verständnis für die Sache erwerben. Das setzt voraus, dass der Lehrer die Lern- und Leistungsunterschiede seiner Schüler kennt, wahrnimmt, kompetent diagnostiziert und in seinem pädagogischen Verhalten berücksichtigt. Die Schwierigkeit ist, variierende Unterrichtsgespräche, relativ lange Perioden der Stillarbeit (mit aktiver Unterstützung der einzelnen Schüler) und vielfältige Übungsaufgaben sich abwechseln zu lassen. Diese situativ und gegenstandsbezogen wechselnde Unterrichtsgestaltung charakterisiert jedoch die direkte Instruktion. Sie erfordert vom Lehrer sehr gründliche Vorbereitungen, während des Unterrichts große pädagogische Anstrengung (aktiver Lehrer und aktive Schüler) und eine gründliche Analyse der einzelnen Unterrichtseinheiten (vgl. WEINERT, 1998).

Als wichtigste Voraussetzung für eine Qualitätsverbesserung des Unterrichts werden in der aktuellen Schul- und Unterrichtsdiskussion daher erneut die *Kompetenzen* des Lehrers ausgemacht. Danach sollten Lehrer über bestimmte Persönlichkeits- und Verhaltensmerkmale verfügen, die für die Ausübung des Lehrerberufs von großer Bedeutung sind: Freude daran zu haben, mit Kindern und Jugendlichen umzugehen, sie zu fördern und sich an ihren Fortschritten zu erfreuen; soziale Kompetenzen zu haben, die es erlauben, auf verschiedene Schüler in unterschiedlichen Situationen angemessen zu reagieren; ein gewisses Maß an Frustrationstoleranz, damit problematisches Verhalten von Kindern oder mangelhafte

Leistungen nicht nur zu Quellen des Ärgers und pädagogisch dysfunktionalen Verhaltensweisen führen, sondern es dem einzelnen Lehrer ermöglichen, in produktiver Weise auch mit schwierigen Situationen „fertig zu werden“.

Dazu bedarf es einer entsprechend profunden professionellen Ausbildung der Lehrer. In Aus- und Weiterbildung kommt es darauf an, verschiedene Kompetenzen, in theoretisch reflektierter Weise und zugleich in praktisch nutzbarer Form, zu erwerben. Solche Kompetenzen sind vor allem (vgl. WEINERT 1998):

- Sachkompetenz: Das heißt, dass der einzelne Lehrer alles das, was er lehrt, auch selbst gründlich verstanden haben muss. Gemeint ist sowohl das wissenschaftliche Verständnis der Inhalte als auch das curriculare Verständnis (also die wissenschaftlich seriöse, aber entwicklungsangepasste Transformation des Stoffes auf unterschiedliche Altersstufen und Begabungsniveaus).
- Klassenführungskompetenz: Es kann keinen erfolgreichen Unterricht ohne eine Maximierung der aktiven Lernzeit möglichst aller Schüler im Klassenzimmer geben. Dafür sind Techniken der Klassenführung notwendig, die der Lehrer beherrschen muss, um sie in schwierigen Unterrichtssituationen nutzen zu können.
- Diagnostische Kompetenzen: Gemeint ist hier die laufende Beobachtung der Lern- und Leistungsentwicklung einzelner Schüler, um Probleme und Schwierigkeiten frühzeitig zu erkennen. Das ist die Voraussetzung für individualisierte pädagogische Hilfen.
- Didaktische Kompetenzen: Dabei geht es darum, dass jeder Lehrer über ein gesichertes Repertoire an vielfältigen Unterrichtsmethoden verfügt.

Aufgabe der Lehrerinnen und Lehrer bei der Entwicklung einer neuen Lern- und Lehrkultur wird es vor allem sein, den Unterricht in einem ausgewogenen Verhältnis von instruierenden und anleitenden Aktivitäten der Lehrkräfte sowie eigenaktiven und selbst steuernden Aktivitäten der Lernenden zu organisieren. Lehrende werden somit zunehmend zu Beratern und Moderatoren im Lernprozess und Lernende, die Wissen insbesondere in Anwendungssituationen erwerben, agieren stärker als bisher üblich in Lernteams und Projektgruppen als Mitgestalter von Lernprozessen.

Literatur

BARTEL, HEINZ u. a.: Materialsammlung zu den Themen: Informationsgesellschaft, Wissensgesellschaft, Kompetenzentwicklung, europäische und globale Bildungsperspektiven. DIPF, Frankfurt am Main 1998.

DALIN, PER: Schule auf dem Weg in das 21. Jahrhundert. Neuwied 1997.

DELPHI-BEFRAGUNG 1996/1998. Abschlussbericht zum Bildungsdelphi. Bundesministerium für Bildung und Forschung, München 1998.

Erster Kongress des Forum Bildung am 14. und 15. Juli 2000 in Berlin. Materialien des Forum Bildung 3. Bonn 2000.

Europa verwirklichen durch die allgemeine und berufliche Bildung: Bericht. Studiengruppe allgemeine und berufliche Bildung. Brüssel 1996.

HANUSHEK, ERIC A.: Trowing money at schools. In: Journal of Policy Analysis and Management 1 (1981), S. 19–41.

LENZEN, DIETER: Wir benötigen ein neues Verständnis von Unterricht. In: blz, 7-8/2000, S. 6–8.

LERNFÄHIGKEIT: Unser verborgener Reichtum. UNESCO-Bericht zur Bildung für das 21. Jahrhundert/Deutsche UNESCO-Kommission (Hrsg.). Neuwied 1997.

OELKERS, JÜRGEN: Schulen in erweiterter Verantwortung – Eine Positionsbestimmung aus erziehungswissenschaftlicher Sicht. In: Avenarius, Baumert, Döbert, Füssel (Hrsg.): Schule in erweiterter Verantwortung. Neuwied 1998, S. 23–35

SCHWEIZERISCHE HOCHSCHULREKTORENKONFERENZ. Postulats pour le gymnase. In: Gymnasium Helveticum, Nr. 5, 1998.

UNESCO heute, Nr. 2/1999.

WEINERT, FRANZ, E.: Qualität und Leistung in der Schule – brauchen wir eine neue Lernkultur? In: Forum E, 10. März 1999, S. 8–13.

WEISSBUCH zur allgemeinen und beruflichen Bildung. Lehren und Lernen: Auf dem Weg zur kognitiven Gesellschaft. / Europäische Kommission. Luxemburg 1996.

www.forumbildung.de

JOACHIM THOMA

Neue Medien in der Schule

Medienerziehung als Unterrichtsprinzip

Bei der Frage nach der Bedeutung der neuen Medien für die Schule wird vielfach polarisiert zwischen resignativer Ablehnung und euphorischer Zustimmung. Dabei wird übersehen, dass Maus und Kreide nur zwei unterschiedliche Zugangswege zu einem längst pädagogisch verankerten und selbstverständlichen Prinzip sind: Lernen mit medialer Unterstützung.

Der 1994 von der Bund-Länder-Kommission (BLK) verabschiedete Orientierungsrahmen zur *Medienerziehung* knüpft an das 1987 von der Kommission entworfene „Gesamtkonzept für die informationstechnische Bildung“ an. Ausgehend von der Situation von Jugend in einer zunehmend mediengeprägten Gesellschaft werden Leitvorstellungen und Rahmenbedingungen für eine Medienerziehung entwickelt, die sich auch auf alle elektronischen Medien bezieht und die Bedeutung der Informations- und Kommunikationstechniken für die Lebenswelt von Kindern und Jugendlichen umfasst.

Unter Bezug auf den „Orientierungsrahmen“ hat die Kultusministerkonferenz (KMK) im Mai 1995 in einer Erklärung zur Medienpädagogik in der Schule übereinstimmend festgestellt, „dass Medienpädagogik die Schülerinnen und Schüler zu einem sachgerechten, selbstbestimmten und sozial verantwortlichen Umgang mit den Medien befähigen muss.“ (KMK, o.J., S. 25ff.)

Daher ist es erforderlich, dass Schülerinnen und Schüler

- sich in der Medienwelt zurechtfinden,
- die durch Medien vermittelten Informationen, Erfahrungen und Handlungsmuster kritisch einordnen und

- sich innerhalb einer von Medien bestimmten Welt selbstbewusst, eigenverantwortlich und produktiv verhalten können.

Medienpädagogik in der Schule hilft so den Heranwachsenden, im Umgang mit Medien begründete Orientierungen für das eigene Urteilen und Handeln zu entwickeln sowie sich als aktiv Gestaltende zu erfahren. Medienerziehung soll für Kinder und Jugendliche Erlebnis- und Handlungsmöglichkeiten schaffen. Für die pädagogische Praxis heißt dies, Kinder und Jugendliche bei der Mediennutzung zu unterstützen, sie zur Auswahl anzuregen, ihnen bei der Verarbeitung von Medieneinflüssen zu helfen, Medienaussagen unterscheiden und analysieren zu lernen und zu eigener Medienaktivität und damit zur Mitgestaltung der Medienkultur zu befähigen.

Die überaus dynamische Entwicklung der Medienlandschaft kann durch ein Konzept niemals vollständig erfasst werden, insofern bleiben die folgenden Ausführungen eine Momentaufnahme. Sie wollen jedoch Anregungen für die medienbezogene pädagogische Arbeit in der Schule und im außerschulischen Bereich sein. Wie bisher gehen wir davon aus, dass Medienerziehung ein Unterrichtsprinzip darstellt, weil Lehren und Lernen ohne mediale Unterstützung nicht möglich ist. Dabei sind Medien sowohl Gegenstand des Unterrichts als auch Werkzeuge zur Artikulation und zur Informationsbeschaffung und -verarbeitung.

Im Sinne einer integrativen *Medienerziehung* bezieht sich die medienpädagogische Arbeit auf alle Lernbereiche und Fächer, berücksichtigt die Spannbreite vom Printmedien bis zum Computer mit allen seinen informations- und kommunikationstechnischen Erweiterungen. Und das schließt auch ein, Medien in ihrer Unterhaltungsfunktion, die mit Begriffen wie z.B. Infotainment und Edutainment belegt sind, in die Betrachtung zu nehmen. Ein sachgerechtes, selbstbestimmtes, kreatives und sozialverantwortliches Handeln in einer von Medien beeinflussten Umgebung ist das Ziel schulischer

Medienerziehung, welche die Nutzung von Medien sowohl zur Unterhaltung als auch zur Informationsbeschaffung sowie zur Kommunikation und Problemlösung umfasst. Dabei haben Schule und Elternhaus in ihrer jeweiligen Zuständigkeit eine sich ergänzende Aufgabe.

Kinder und Jugendliche in der Mediengesellschaft

Kinder sind von Anbeginn Mitglieder einer von Medien bestimmten Gesellschaft und müssen, um in ihr bestehen zu können, ihre Strukturen kennen und beherrschen lernen. Hierbei spielen die Mittel der Informationsverarbeitung eine wichtige Rolle. In unserer Informationsgesellschaft bezieht sich ein Großteil individueller und gesellschaftlicher Handlungskompetenz auf Informationen unterschiedlicher Art. Der handelnde Umgang mit Information wird zu einer zentralen Herausforderung der Bildung des ausgehenden 20. Jahrhunderts.

Untersuchungen zum Rezeptionsverhalten haben ergeben, dass in verkabelten Haushalten im Durchschnitt etwa fünf Stunden pro Tag das Fernsehgerät eingeschaltet ist. Hinzu kommen Zeiten, in denen Videos gesehen werden. Selbst wenn das Fernsehprogramm mitunter nur einen audiovisuellen Hintergrund für andere Aktivitäten darstellt, wird deutlich, wie sehr der Familienalltag vom Fernsehgerät beeinflusst wird. Oftmals haben Kinder und Jugendliche einen völlig ungehinderten Zugang zu einem Programm, das eigentlich für Erwachsene produziert wurde, so dass sie mit Medienrealitäten konfrontiert werden, deren Bedeutungen sie kaum erkennen und verarbeiten können. Im für Jugendliche besonders wichtigen Musikbereich existiert ein immer größeres und differenzierteres Konsumangebot, vor allem an CDs. Auditive Medien – Radio, Walkman und CD-Player – werden von Jugendlichen viele Stunden täglich genutzt. Für Kinder gibt es ebenfalls ein großes Angebot an Audioprodukten, z.B. mit Kinderliedern, Hörspielen usw.

Der Einsatz von Computern verändert alle Bereiche des gesellschaftlichen Lebens. Texte werden mit Schreibprogrammen erstellt, Zeitungen und Plakate entstehen mit Hilfe von Graphik-Programmen, Musik wird mit Samplern und Sequenzerprogrammen produziert, Filme entstehen mit Hilfe von Animationscomputern. Unter den Begriffen „virtual reality" und „Cyber-Space" wird es in den kommenden Jahren zu weiteren Neuerungen kommen. Multimediale Produktionen heben Grenzen zwischen früher getrennten Gestaltungsweisen auf. In den industriellen „Multimedia"-Produkten, die Musik, Video / Film, Text und Bild miteinander kombinieren, ist diese Entwicklung bereits sinnfällig.

Über das Internet kann sich jeder, der über das entsprechende Equipment verfügt, aus aller Welt in kürzester Zeit mit Informationen aus Datenbanken versorgen und kommunizieren. Die wachsende Menge des weltweiten Datenflusses mit seinen Texten, Tönen, Bildern und Filmen entzieht sich damit zunehmend staatlichen Kontrollmechanismen.

Das Medienangebot wird sich in Zukunft noch weiter entfalten. Durch ein Datenkompressionsverfahren wird es möglich sein, bis zu 500 Fernsehsender über das Kabelnetz oder per Satellit zugänglich zu machen. Mit Unterstützung des Computers wird es möglich, aktiv in das Geschehen eines Filmes einzugreifen. In allen Medienbereichen sind neben der Ausweitung der Angebote zum Konsum aber auch Technologien entstanden, die aktive Gestaltung ermöglichen. Mit relativ geringem technischen Aufwand können ansprechende Produkte wie Videofilme, Hörspiele oder Musikstücke selbst produziert werden. Die Zunahme interaktiver Technologien wird die Möglichkeit zum aktiven Gestalten mit Hilfe von Medien weiter verbessern.

Medien in der Schule

In den Schulen ist alltäglich die Begegnung mit Kindern und Jugendlichen, deren Realitätsbewusstsein sich zunehmend aus der Medienrealität entwickelt. Außerdem wird die motivationale, psychische und nervliche Beanspruchung durch Medien beeinflusst ebenso wie Wahrnehmungsfähigkeit und Reaktionsschnelligkeit. Beispiele dafür sind das allen bekannte Montagssyndrom vor allem in der Grundschule, Müdigkeit durch späten Medienkonsum, Anspruchshaltung an die Stoffvermittlung durch Gewöhnung an die medialen Show-Effekte. Mediennutzung als wesentlicher Teil der Freizeitgestaltung führt zur Abnahme von Primärerfahrungen und reduziert das Bildungsmonopol der Schule.

Hinzu kommen weitere Unterschiede: Lernen in der Schule ist geplant, verbal-systematisch. Medienlernen erfolgt eher beiläufig, bildhaft-assoziativ mit Bezug auf konkrete Lebenssituationen. Die Folgen sind Nachlassen der Konzentration und Motivation, Unterricht wird als langweilig empfunden. Medien vermitteln vielfach die Botschaft der unmittelbaren Bedürfnisbefriedigung, des Konsums, der Konfliktlösung durch Geld, Macht oder Gewalt. In der Schule geht es im Gegensatz dazu um Bedürfnisaufschub, um Anstrengungsbereitschaft, um Rücksichtnahme, um soziales Verhalten, um differenzierte Konfliktlösung, um Demokratie, Umwelt, Verantwortung für die Gesellschaft. Schule vermittelt Verhaltensorientierungen, die vielfach nicht denen in den Medien transportierten entsprechen und den Anspruch der Lehrer auf die Vermittlung von Wertmaßstäben in Frage stellen. Daraus resultieren Autoritätsverluste und Disziplinschwierigkeiten. In dieser Situation ist Schule zu Veränderungen herausgefordert, die sich nicht nur auf Medienpädagogik bezieht, sondern sich weitaus mehr an unterschiedlichen gesellschaftlichen Realitäten orientieren muss, wenn der alte pädagogische Satz, nicht für die Schule, sondern für das Leben zu lernen, noch weiterhin mit Sinn erfüllt werden soll.

Will die Schule in Zukunft in der Informationsgesellschaft handlungsfähig bleiben, hat sie die ihr gestellte Aufgabe zur Vermittlung von *Medienkompetenz* auf der Basis eigener pädagogischer Maßstäbe neu zu beschreiben. Dazu gehört es, dass sie nicht hinter den medialen Realitäten ihrer Schülerinnen und Schüler zurückbleibt, sondern diese absichtsvoll in Schule und Unterricht hereinholt und zum Gegenstand gemeinsamer Erfahrungsprozesse macht. Schule entwickelt sich auf diese Weise zu einem Ort lebendiger Arbeit, Interaktion und Kommunikation und wird zu einem Erfahrungsraum, in dem nicht nur über, sondern für das wirkliche Leben gelernt wird.

Insofern richtet sich eine zeitgemäße *Medienerziehung* auch auf die Entwicklung von Fähigkeiten, die über den Erwerb von Medienkompetenz hinausreichen:

Flexibilität und lebenslanges Lernen

Die Lebens- und Arbeitsbedingungen von Schülerinnen und Schülern und deren Eltern haben sich in den vergangenen Jahren rasch gewandelt. Technologische Veränderungen führen zu einer immer schnelleren Entwertung erworbener Qualifikationen. Kinder und Jugendliche wachsen nicht mehr mit der Erwartung einer gesicherten Berufsperspektive auf. Schule muss deshalb auf Flexibilität und lebenslanges Lernen vorbereiten.

Sensibilität für globale Probleme

Ziel der Erziehung ist die Fähigkeit, sich in dieser schnell verändernden hochtechnisierten Welt zurechtzufinden. Dies setzt voraus, Probleme in ihrer unterschiedlichen menschlichen, sozialen, politischen, technischen, wirtschaftlichen und ökologischen Dimension begreifen zu können. Unsere Welt als „globales Dorf“ wird immer mehr zu einer auf gegenseitiger Abhängigkeit basierenden Schicksalsgemeinschaft, die einer hohen Sensibilität für grenzüberschreitende Entwicklungen bedarf.

Vernetzung in fachübergreifenden Projekten

Im Zusammenhang mit Medienerziehung spielt das mit dem Begriff der Vernetzung erfasste Vorgehen, Kenntnisse und Erkenntnisse sowie darauf bezogene Problemlösungen als ganzheitlichen Lernvorgang zu sehen, eine bedeutende Rolle. D. h. Formen zu suchen, die das traditionelle parzellierte Unterrichtsgeschehen aufbrechen und fachübergreifende Projektarbeit in die Organisation der Schule einbinden. Durch die zur Zeit wahrgenommenen Einflüsse der Medien auf Kinder und Jugendliche neigen wir dazu, die Medien selbst in einer Art Rückfall in die Bewahrpädagogik zum Thema zu machen und erhoffen uns davon die Lösung der Probleme. Abgesehen davon, dass Schule an die Grenzen ihrer Einflussmöglichkeiten stößt, wenn es um die Kontrolle von Mediengewohnheiten geht, führt dieses Vorgehen zur Sperre gegenüber dem Thema.

Konzepte zur Medienerziehung müssen demgegenüber von den positiven Möglichkeiten des aktiven und kreativen Umgangs mit Medien, ihren technischen Möglichkeiten und ihrer inhaltlichen Vielfalt ausgehen. Es müssen also Projekte entwickelt werden, in denen durch die Mediennutzung den Schülern die Wertigkeit von Medien zur Erschließung der Realität deutlich wird und sie dadurch in die Lage versetzt werden, kritisch über die Bedeutung der Medien zu urteilen.

Der schnelle technische Wandel in der Gesellschaft erfordert gleichzeitig die Notwendigkeit, sich auf die beständigen Werte im Zusammenleben der Menschen zu konzentrieren und diese in die Erziehung von Kindern und Jugendlichen einzubringen. Das sind u. a. Tugenden wie Zuverlässigkeit, Belastbarkeit und Rücksichtsnahme oder das Beharren auf Leistung als Maßstab für individuelle Lebenschancen.

Neue Medien, insbesondere Multimedia und Telekommunikation, sind derzeit ein herausragendes Thema in der Öffentlichkeit, weil davon ausgegangen wird, dass ihr Einsatz zu deutlichen Veränderungen in vielen Bereichen unserer Gesellschaft führen wird. Auch das Bildungswesen ist herausgefordert, sich auf diese Veränderungen frühzeitig und angemessen einzustellen.

Auch selbstverständlich: *soziales Lernen* und neue Medien

Eine genauere Analyse der derzeit erkennbaren Auswirkungen und Möglichkeiten der Neuen Medien zeigt, dass durch schnellen Datenzugriff, eigenständiges Recherchieren in Datenbanken, Verlagerung von Telearbeits- und -lernplätzen in den häuslichen Bereich und Selbstlernangebote zwar die Selbstbestimmung der Lernzeit, der Lernorganisation und der Lerninhalte gestärkt werden können, dass aber die soziale Eingebundenheit und das soziale Lernen auch zukünftig ein wichtiges Lernziel für Schule und Weiterbildung darstellen muss. Zur Wahrnehmung des Erziehungsauftrags bleiben daher unmittelbare Kommunikation und personales Zusammenwirken unerlässlich.

Die Neuen Medien sind zu betrachten als Gegenstand von Lehren und Lernen, Hilfsmittel für den Unterricht, Feld für berufliche Qualifizierung und Mittel für das Fernlernen.

Darüber hinaus müssen Schule und Weiterbildung ihre Stellung gegenüber der Freizeitnutzung der Neuen Medien definieren. Dies schließt Überlegungen ein, wie die in den Schulen vorhandenen Informations- und Kommunikationstechniken außerhalb des Unterrichts in einem offenen Zugang für Kinder und Jugendliche nutzbar gemacht werden können.

Die Vielfalt der Medientechnologien erfordert eine intensivere Auseinandersetzung mit den Strukturen, Abhängigkeiten, Inhalten und Zielen der Medien in allen Bereichen des Bildungswesens. Zukünftiges Leben in einer von Medien dominierten Welt ist verantwortlich, selbstbestimmt und selbstbewusst nur mit differenzierten Kenntnissen der grundlegenden

Sachverhalte möglich. Eine gezielte Aufnahme der Themenstellungen in den Bildungskanon ist deshalb unerlässlich.

Große Chancen bieten die Neuen Medien in ihrer Funktion als Hilfsmittel für die Gestaltung und Durchführung von Lehr- und Lernprozessen. Die Integration verschiedener bisher getrennter Technologien und die Ausweitung auf neue Bereiche fordern zu intensiverer und neuer Auseinandersetzung mit mediengestütztem Unterricht heraus. Dabei können pädagogisch bedeutsame Arbeitsformen wie Selbstbestimmung des Lernens und Projektorientierung sowie fachübergreifende Arbeits- und Lernformen gezielt angegangen und erfahren werden. Wechsel von Selbstlern- und Soziallernphasen können die Lernmotivation steigern und die Bereitschaft zum selbständigen und lebenslangen Weiterlernen stützen. Für alle Schulformen bieten sich neue Ansatzpunkte für eine pädagogisch sinnvolle Förderung und Binnendifferenzierung.

Neue didaktische und methodische Kreativität ist erforderlich, den Einsatz des Computers im Unterricht der unterschiedlichen Schularten zu verankern. Das setzt allerdings zumindest in der Anfangsphase zusätzliche Arbeit und Fortbildungsbereitschaft auf Seiten der Lehrenden voraus. Erst damit sind die sich bietenden Chancen umsetzbar. Dabei muss das pädagogisch Sinnvolle und nicht das technisch Machbare beim schrittweisen Ausbau der Ausstattungen vorrangig sein.

So kommt die Schule ans Netz

Die Erfahrungen aus überregionalen Modellversuchen sowie aus Erprobungen in vielen Schulen aller Bundesländer lassen deutlich werden, dass in allen Jahrgängen und Lernbereichen Computer sinnvoll eingesetzt werden können. Dabei werden innovative Unterrichtsformen wie fachübergreifender und projektorientierter Unterricht vor allem durch die unterrichtsorganisatorische Einbeziehung von Computern in den Klassen- bzw. Fachraum unterstützt. Zentrale und monofunktionale Computerräume sind für solche Unterrichtskonzepte, die den Schülerinnen und Schüler vielfältige methodische und mediale Lernangebote bieten, wenig geeignet. Außerdem bedarf die Nutzung eines zentralen Schulcomputerraumes einer längerfristigen Raumplanung, die situationsbezogene Nutzung von Computern in Sinnzusammenhängen unmöglich erscheinen lässt.

Der Computereinsatz im regulären Unterricht kann in unterschiedlichen Organisationsformen erfolgen:

- Medienecke in Klassen- und Fachräumen (stationäre und mobile Computer zzgl. Software) Stichworte: projektorientierter Unterricht, Wochenplanarbeit, Binnendifferenzierung, Freiarbeit.
- Demonstrationsarbeitsplatz in Fach- und auch in Klassenräumen (Notebooks und fahrbare Computer zur Messwerterfassung und -visualisierung, Animationen, Prozesssimulation, Präsentation von Schülerarbeiten und Gruppendiskussion).
- Dezentrale Gruppenräume mit Computerarbeitsplätzen: Flexibilisierung der Unterrichtsorganisation in kleinen Organisationseinheiten / Jahrgängen, differenzierende Angebote.
- Pools mit Notebooks für die Gruppenarbeit: temporäre und flexible Integration in reguläre Unterrichtsgestaltung.
- Lernarrangements mit einem komplexen Unterrichtskonzept: z. B. Schreibwerkstatt, Medienwerkstatt, Schülerfirmen, Lernbüros, Umweltwerkstatt etc.
- Fachunabhängiger zentraler Computerarbeitsraum.

Infolge der gesellschaftlichen Entwicklungen und bedingt durch die damit einhergehende „veränderte Kindheit“ haben sich die Aufgaben der Grundschule entsprechend gewandelt. Erziehung bzw. soziales Lernen sind immer wichtiger geworden. Außerdem wird in der Fachdiskussion ein neues Verständnis von Lernen und Lernkultur gefordert. Alle diese

Aspekte machen die Entwicklung neuer Formen des Unterrichtsangebots erforderlich. Lernen soll den Kindern Zugänge und Zugriffsweisen auf eine immer komplexer werdende Wirklichkeit ermöglichen und sie befähigen, sich auf Widersprüche und Konfliktpotenziale in unserer Gesellschaft einzulassen. Will Grundschule den erweiterten Aufgaben gerecht werden, müssen neben die bewährten Unterrichtsformen mit Binnendifferenzierung didaktisch-methodische und unterrichtsorganisatorische Neuentwicklungen treten. Das „Lernen beim Handeln" gewinnt zunehmende Bedeutung für Lernarrangements. Exemplarisch seien hier problem- und projektorientierte sowie fachübergreifende / fächerverbindende Unterrichtsformen genannt. Beispiele für offenere und kooperative Alternativen sind Wochenplanarbeit, Stationenlernen und Freiarbeit. Dazugehörige Stichwörter der (grund)-schulpädagogischen Diskussion der letzten Jahre sind u.a. „ganzheitliches Lernen" bzw. „Lernen in Sinn- und Sachzusammenhängen" (Ziel: vernetztes Denken), „eigenaktives", „problemlösendes" und „entdeckendes Lernen".

Neben der Steigerung der Sachkompetenz, der Festigung von Arbeitshaltungen und der Stärkung der Methodenkompetenz sind Selbst- und Sozialkompetenz zunehmend wichtige Ziele der Schule und Voraussetzungen für lebenslanges Lernen. Lernen soll dabei der Identitätsfindung dienen und soziale Erfahrungen aufnehmen sowie neue ermöglichen. Zunehmend relevant für die Grundschule wird hier der in immer mehr Haushalten bereits in der vorschulischen Entwicklungs- bzw. Lernphase als Medium vielfältig genutzte, aber auch z.B. für diverse Kampf- und Kriegsspiele „missbrauchte" Computer. Reaktionen der Grundschule auf diese Entwicklungen werden von Kindern und Eltern erwartet. Zu den genannten grundlegenden pädagogischen und didaktischen Innovationen steht der *Computereinsatz in der Grundschule* keineswegs im Widerspruch. Im Gegenteil: Die neueren didaktischen Strömungen und der Einsatz der neuen Medien können einander auf eine produktive Weise ergänzen. Eine Grundschule, die die Möglichkeiten des Computereinsatzes nutzt, orientiert sich gleichzeitig mehr als bisher üblich an der gesellschaftlichen Wirklichkeit und an der mit Sicherheit zu erwartenden zukünftigen Arbeitswelt ihrer Schülerinnen und Schüler. Grundschule wird damit für die Kinder eher zu einem Lebensort, an dem ein Bezug zu ihren Medienerlebnissen und zu ihrer Medienwelt erfahrbar wird und an dem sie besser auf ihre Zukunft vorbereitet werden. Schule trägt auch beim Computereinsatz mit vielfältigen Angeboten dazu bei, die sehr unterschiedlichen vorschulischen Medienerfahrungen zu ergänzen bzw. zu relativieren.

Bei allen Anwendungen sind die neuen Medien zugleich Gegenstand einer fachübergreifenden Medienerziehung in der Grundschule. *Medienkompetenz* als deren Ziel meint hier speziell die Kompetenz, den Computer und ggf. weitere Peripheriegeräte sowie – nachrangig – das Internet für den Unterricht zunehmend selbständig und sinnvoll nutzen zu können. Eine Erweiterung der o. g. Methodenkompetenz ist z. B. erreicht, wenn Kinder die genannten Medien als Hilfen beim Recherchieren, Verfassen und Darstellen bzw. Veröffentlichen zu nutzen wissen.

Zu unterstreichen ist besonders, dass gerade die Grundschulen hochwertig ausgestattet werden müssen, um den Lernvoraussetzungen von Grundschulkindern gerecht zu werden. Multimediafähige Computer sind erforderlich, um geeignete Software, die die positiven Möglichkeiten vor allem des interaktiven und kreativen Umgangs unterstützt bzw. mehrere Sinneskanäle parallel anspricht, einsetzen zu können.

Ebenfalls zur Lehrerqualifikation hat sich der BLK-Ausschuss „Bildungsplanung“ in der Programmskizze der Projektgruppe „Innovationen im Bildungswesen“ zum Schwerpunkt „Steigerung der Effizienz des mathematisch-naturwissenschaftlichen Unterrichts“ am 12.08.1997 sehr deutlich geäußert:

„Es genügt aber nicht, die Schulen und weiteren Bildungseinrichtungen in großem Umfang nur mit neuer Technologie auszustatten. Die bloße Verfügbarkeit neuer Medien bedarf einer qualitativen Erweiterung in pädagogischer, inhaltlicher, methodisch-didaktischer und organisatorischer Hinsicht; parallel dazu kommt der Lehrerbildung in der ersten und zweiten Phase und der Lehrerfortbildung im Blick auf die systematische Einordnung der neuen Medien in Lehr- und Lernprozesse eine Schlüsselfunktion zu."

Aber auch am Ende dieses Jahrtausends bleibt für die Grundschule das Primat der originalen Begegnung unverzichtbar. Sie ist wie das „Lernen mit allen Sinnen" eine fundamentale Voraussetzung, bevor mit dem Computer oder anderen Medien höhere Ebenen der Veranschaulichung einbezogen werden können.

Neue Medien bieten neue Chancen

In der fachbezogenen Grundausbildung soll die instrumentelle und mediale Nutzung der Informations- und Kommunikationstechnik spezifische Beiträge zur Vermittlung von Medienkompetenz, Lern- und Arbeitskompetenz und zum Erwerb von Schlüsselqualifikationen leisten. In Verbindung hierzu bietet die Anwendung der neuen Technologien und Medien in methodischer und didaktischer Hinsicht neue Möglichkeiten des differenzierten, kreativen, eigenverantwortlichen und selbständigen Lernens. Werkzeuge zum Schreiben, Gestalten, Konstruieren, Rechnen, Erfassen, Speichern und Recherchieren unterstützen die schnelle und zügige Bearbeitung, Ergänzung, Produktion und Gestaltung von Texten, Bildern und Grafiken sowie die Veranschaulichung von Fakten, Tabellen und Funktionen. Ihr Einsatz im Unterricht erweitert den Erfahrungsbereich der Schülerinnen und Schüler im Umgang mit bedeutsamen Anwendungen der neuen Technologien und eröffnet Möglichkeiten, diese zur zielgerichteten Lösung eigener Aufgabenbereiche zu nutzen.

Simulationsprogramme und Experimentierumgebungen erweitern die didaktischen Möglichkeiten im Unterricht. Durch sie können Modelle der Wirklichkeit mit begrenzten Parametern fest abgebildet bzw. naturwissenschaftliche Versuche, gezielte Beobachtungen, bestimmte Handlungsabläufe oder auch Bedienungen von Maschinen vom Schüler selbständig in Partner- oder Einzelarbeit simuliert werden. Der Umgang mit Werkzeugen zur Simulation und Modellbildung ermöglicht den Schülerinnen und Schülern, Modelle zu unterschiedlichen Gegenstandsbereichen zu erstellen. Didaktisch richtig eingesetzt sind sie geeignet, Einsichten in Zusammenhänge und Wechselwirkungen zu vermitteln, die anders nicht oder nur schwer zu vermitteln wären. Vor allem im naturwissenschaftlichen Unterricht spielt die Prozessdatenverarbeitung eine wichtige Rolle, indem Messwerte in Experimenten erfasst, aufbereitet, visualisiert und diskutiert werden.

Die in themenbezogenen Datenbeständen enthaltenen Daten und Informationen können ergänzend zu anderen Medien eingesetzt werden, um mehr und aktuellere Informationen in den Lernprozess einzubeziehen. Die Daten unterscheiden sich in der Art der gespeicherten Inhalte (z. B. Umweltdaten, Gefahrstoffe, Nachrichten, Quellentexte) und deren Typ (z. B. Verweise, Volltexte, Bilder, Grafiken, Bild- und Tonfolgen), das Arbeiten mit Werkzeugen, die es ermöglichen, auf die jeweiligen Datenbestände zuzugreifen, in ihnen zu suchen oder sie weiter zu verwenden, vermittelt neue Arbeitsmethoden und Gestaltungsräume (Recherche, Auswahl und Darstellung und andere Gestaltungsmöglichkeiten).

Neue Formen des entdeckenden und konstruierenden Lernens werden durch Hypermedia-Arbeitsumgebungen ermöglicht. Diese integrieren einen multimedialen, vernetzten, themenbezogenen Datenbestand mit verschiedenen Werkzeugen. Der Datenbestand enthält Dokumente vom Typ Text, Grafik, Bild, Ton, Bildfolge und Tonfolge. Die Dokumente sind untereinander, z. B. nach Sinn- und Sachzusammenhang in dem so genannten Hypertext verknüpft (vernetzt). Multimedia-Dokumente befinden sich in diesem Hypertext. Die Werkzeuge unterstützen das Suchen und Finden, Lesen, Schreiben, Rechnen und Kalkulieren, Zeichnen und Gestalten sowie Modellieren und Simulieren und machen aus der Hypermedia-Datenbank eine Hypermedia-Arbeitsumgebung.

Im Sinne des Erwerbs von Schlüsselqualifikationen soll der Unterricht alters- und schulartangemessen die Schülerinnen und Schüler

- zur selbständigen Informationsbeschaffung und -bewertung,
- zur Organisation von Arbeitsprozessen,
- zur methodenkritischen Reflexion und Selbstreflexion,
- zur Kooperation und zum Dialog,
- zum Durchhaltevermögen und Engagement

und unter medienpädagogischen Gesichtspunkten

- zum sachgerechten Umgang mit elektronischen Medien und den Produkten der Informations- und Kommunikationstechnologien,
- zur Nutzung der Medien zum Lernen und Gestalten und
- zur Urteilsfähigkeit gegenüber den Botschaften der Medien befähigen.

Die Anwendungen der Informations- und Kommunikationstechnologien sollen Anlässe schaffen

- des Lernens und Übens in Sinn- und Sachzusammenhängen,
- des kreativen Gestaltens, z.B. durch den Einsatz neuer informationsverarbeitender Werkzeuge,
- des vernetzten und antizipierenden Denkens, z.B. durch Veranschaulichung systematischer Wechselwirkungen, durch Abbilden komplexer Systeme auf dem Computer, durch Simulation dynamischer Prozesse,

- des globalen Denkens, z. B. durch Zugriff auf weltweite und mächtige Datenbanken unter Nutzung der Telekommunikation.

Die Lernsituationen sollen fachliches und überfachliches Lernen, individuelle und soziale Erfahrungen, Praxisbezug und die Einbeziehung des gesellschaftlichen Umfeldes miteinander verknüpfen. Kompetenz, Lernprozesse selbst zu steuern, entwickelt sich im Aufbau von Wissen und Können. Zugleich werden aber Sinnhaftigkeit und Anwendungsbezug erfahrbar sein müssen. Alltagsfragen, Alltagserfahrungen und Lebensprobleme, die Schülerinnen und Schüler mitbringen, sollen die Lernsituation mitbestimmen und den Bezug zur Realität herstellen. Geeignete Unterrichtsverfahren sind problemorientierte Verfahren, die das Interesse der Schülerinnen und Schüler aufnehmen, neu wecken und intensivieren. Sie enthalten entdeckende, dialogische, methodenkritische und selbstreflexive Unterrichtsanteile. Frei- und Wochenarbeit sowie Unterrichtsvorhaben fördern die Bildung individueller Lernschwerpunkte, Eigenverantwortlichkeit, selbständiges Arbeiten sowie Urteils- und Entscheidungsfähigkeit.

Neue Medien in einer neuen Schule?

Die Forderung „Schulen ans Netz“ hat in den vergangenen Jahren einige Bewegung in die Schullandschaft gebracht. Dass in der Bundesrepublik Deutschland inzwischen über 50 % der Schulen einen Internetzugang haben, ist im europäischen Vergleich allerdings kein Spitzenwert. Und ein Internetanschluss an sich ist noch längst keine Garantie dafür, dass die damit verbundenen Möglichkeiten auch pädagogisch ausgeschöpft werden. Es bleibt Skepsis, ob das Lehren und Lernen mit den neuen Medien den propagierten pädagogischen Mehrwert tatsächlich erzeugen oder ob im Gegenteil Lehrkräfte sowie Schülerinnen und Schüler in der neu zugänglichen Informationsflut ertrinken. Dennoch ist sicher, dass die Diskussion über die Verbesserung des Unterrichts begonnen hat und nach neuen Formen des Lehrens und Lernens gesucht wird. Damit verbunden ist die Frage nach der Veränderung der Organisation von Schule und Unterricht. Insofern stehen wir am Anfang eines Prozesses, den wir dazu nutzen müssen, die drohende Kluft zwischen Informierten und Nicht-Informierten zu verhindern. „Schulen ans Netz" wird dabei zum Synonym für die Vernetzung der Schulen mit der Gesellschaft und der Berücksichtigung globaler Bezüge, ohne die modernes Lernen nicht mehr vorstellbar ist.

Literatur

BUND-LÄNDER-KOMMISSION für Bildungsplanung und Forschungsförderung: Medienerziehung in der Schule. Bonn 1995 (BLK-Materialien zur Bildungsplanung und Forschungsförderung, Heft 44).

KULTUSMINISTERKONFERENZ: Medienpädagogik in der Schule. In: Sekretariat der Ständigen Konferenz der Kultusminister in der Bundesrepublik Deutschland. (Hrsg): Neue Medien und Telekommunikation im Bildungswesen. Bonn o. J.

MANDL, H. / REINMANN-ROTHMEIER, G. / GRÄSEL, C.: Gutachten zum BLK-Programm: Systematische Einbeziehung von Medien, Informations- und Kommunikationstechnologien in Lehr- und Lernprozesse (Forschungsbericht Nr. 93). München 1998.

MOSER, H.: Einführung in die Medienpädagogik. Aufwachsen im Medienzeitalter. Opladen 1995.

SCHILL, W. / TULODZIECKI, G. / WAGNER, W.-R.: Medienpädagogisches Handeln in der Schule. Opladen 1992.

SCHORB, B.: Medienalltag und Handeln. Medienpädagogik in Geschichte, Forschung und Praxis. Opladen 1995.

TULODZIECKI, G.: Medien in Erziehung und Bildung. Grundlagen und Beispiele einer handlungs- und entwicklungsorientierten Medienpädagogik. Bad Heilbrunn 1997.

PIT SPIEß

Der Brandenburgische Wettbewerb „Innovative Schulen stellen sich vor“ als Beitrag zu einer Personal- und Qualitätsentwicklung in Schulen

Das Pädagogische Landesinstitut Brandenburg (PLIB) hat im Oktober 2000 zum zweiten Mal seit 1998 einen landesweiten Wettbewerb zum Thema: „innovative Schulen im Land Brandenburg stellen sich vor“ durchgeführt[1]. Die Schirmherrschaft übernahm der Minister für Bildung, Jugend und Sport.

Die Ausschreibung wurde in Plakatform veröffentlicht; als Beispiel die Ausschreibung für das Jahr 2000: (siehe Abbildung)

Während vor zwei Jahren der Schwerpunkt der eingereichten Wettbewerbsbeiträge mehr auf der Innovation des Schullebens lag, waren im Jahr 2000 ausschließlich innovative Unterrichtsideen gefragt.

Zur Durchführung des Wettbewerbs „Innovative Schulen“

Die Resonanz auf die Ausschreibung

Alle brandenburgischen Schulen in öffentlicher und privater Trägerschaft können sich bewerben. Die ausgelobte Gratifikation von insgesamt DM 10.000,– soll natürlich auch den Anreiz für die Schulen und ihre Lehrkräfte erhöhen, sich am

[1] 1998 war Bildungsministerin Frau Angelika Peter die Schirmherrin, im Jahr 2000 war es Herr Steffen Reiche.

Pädagogisches Landesinstitut Brandenburg

Der Kern einer guten Schule ist ihr guter Unterricht!

LAND BRANDENBURG

Wir suchen

innovative Unterrichtsbeispiele

Haben Sie (als Lehrkraft, Lehrkräfteteams, Fachgruppen, Schulkollegien aller Schulstufen und -formen) Ihren Unterricht fachlich bzw. methodisch-didaktisch erfogreich verändert, indem Sie z.B....

- Lernprozesse mit einem hohen Grad der Selbstständigkeit und Schüleraktivität organisieren?
- Trainingskurse zur Entwicklung der Lernkompetenzen der Schüler durchführen?
- Lehrende zu Lernenden und Lernende zu Lehrenden machen?
- Übungsstrategien bzw. Konzepte für kumulatives (aufsteigendes) Lernen entwickeln?
- handlungs- bzw. projektorientiert unterrichten?
- im Team unterrichten?
- neue Medien für den gesamten Unterrichtsalltag nutzen?
- ein Lernortenetz für ihren Unterricht geknüpft haben?
- fächerübergreifend bzw. fächerverbindend oder jahrgangsübergreifend unterrichten?
- Mit der Evaluation von Lernen und Unterricht begonnen haben?
- oder ....?

Kurz: Haben Sie in Ihrem Unterricht neue Wege beschritten? Dann beteiligen Sie sich am

Wettbewerb "Innovativer Unterricht"

vom 13. bis 14. Oktober 2000 im PLIB
unter der Schirmherrschaft des Ministers für Bildung, Jugend und Sport, Herrn Steffen Reiche

Preise & Jury

- Alle eingereichten Beispiele werden im Pädagogischen Schulentwicklungsatlas Brandenburg veröffentlicht.
- Die Jury verleiht Geldpreise in Höhe von insgesamt 10.000,– DM für besonders gelungene Beiträge.
- Außerdem gibt es einen Sonderpreis für kreative Präsentation.
- Die Jury besteht aus Mitarbeiterinnen und Mitarbeitern des MBJS, der staatlichen Schulämter und des PLIB. Ihr Vorsitzender ist Herr Prof. Dr. Hartmut Wenzel, Martin-Luther-Universität Halle-Wittenberg.

Teilnahmebedingungen

- Jede Lehrkraft, jedes Lehrkräfteteam und auch Schulkollegien können sich bewerben (auch aus mehreren Schulen gemeinsam)
- Reichen Sie ein schriftliches Kurzexposé Ihres Vorhabens ein und verwenden Sie dafür das in Ihrer Schule ausliegende Antragsformular
- Ergänzen Sie Ihr Kurzexposé mit weiteren Informationen, z.B. durch Videos, Hospitationsberichte, Erfahrungsberichte, Unterrichtsmitschnitte etc.
- Bitte verwenden Sie für Ihren Antrag das beiliegende Formular.

Worauf warten Sie noch? Fangen Sie einfach an!
Bewerbungsschluss ist der 9. September 2000 (es gilt der Poststempel)

Pädagogisches Landesinstitut Brandenburg
14974 Ludwigsfelde-Struveshof

E-mail: plib.poststelle@plib.brandenburg.de
FAX: 03378-821-199

Ihre Ansprechpartner/in:
Bernd Schmidt, Tel.: 03378-821-180
Pit Spieß, Tel.: 03378-821-108
Elvira Waldmann, Tel.: 03378-821-114
Hermann Zöllner, Tel.: 03378-821-129
Gisela Zock, Tel.: 03378-821-103

Abb. 1

Wettbewerb zu beteiligen. Gewünschter Nebeneffekt ist jedoch, dass aufgrund der Auswahlentscheidung der Jury besonders „kreative Schulprojekte“ ohne Folgekosten für den zukünftigen Bildungshaushalt zusätzlich unterstützt werden können.

Die Schulen bewerben sich mit einem so genannten „schriftlichen Kurzexposé“ mit folgenden Rubriken:

- Name und Anschrift der Schule, Ansprechpartner/-in für das innovative Unterrichtsbeispiel;
- Inhaltliche Beschreibung der Unterrichtsinnovation: Warum haben Sie diese Innovation in Ihrem Unterricht initiiert? Was ist das Besondere an der Unterrichtsinnovation? Welche Ziele und Ergebnisse wollen Sie mit Ihrer Unterrichtsinnovation erreichen?
- Wirkung der Unterrichtsinnovation: Wie schätzen Sie die Wirkung der Unterrichtsinnovation ein? Wirkt sich die Unterrichtsinnovation auf Ihre Schule aus? Wie viele Personen (Lehrkräfte, Schülerinnen und Schüler, Eltern oder Sonstige) waren an der Planung beteiligt? Wie viele Personen (Lehrkräfte, Schülerinnen und Schüler, Eltern oder Sonstige) sind an der Realisierung beteiligt? Werten Sie die Wirkung der Unterrichtsinnovation aus? Wenn ja: Wie?
- Sind mit der Innovation zusätzliche Kosten verbunden? Wenn Ja: Wie hoch sind sie?

Die interessierten Schulen sind weiterhin aufgefordert, ihrem „schriftlichen Kurzexposé“ eine Stellungnahme zu Ihrer Unterrichtsinnovation von beteiligten Schülerinnen und Schülern beizufügen und die jeweilige Bewerbung mit weiteren Unterlagen zu ergänzen, die das innovative Unterrichtsbeispiel erläutern, illustrieren oder ergänzen. Diese Anlagen, z. B. Texte, Dokumentationen, Fotos von Schule, beteiligten Schüler/-innen und Lehrkräften zum Wettbewerb 2000 füllen mehrere Regalmeter!

Mit dem Exposé wird das Ziel verfolgt, die Dokumentations- und Reflektionsfähigkeit der Bewerberinnen und Bewerber im Rahmen ihres Wettbewerbsbeitrages zu hinterfragen, besonders im Hinblick auf die Darstellung der geplanten und erreichten Wirkung des jeweiligen Vorhabens. Sowohl 1998 wie auch 2000 wurden nur Wettbewerbsbeiträge in die engere Wahl genommen, die mit eigenständigen Schüleräußerungen versehen waren.

Aufgrund des Plakats mit der Überschrift: „Wir suchen innovative Unterrichtsbeispiele“ gingen insgesamt 69 Bewerbungsunterlagen aus 61 Schulen[2] ein. Bezogen auf die Gesamtzahl der Schulen im Land Brandenburg ergab sich dabei folgende Übersicht:

Schulform	**Zahl der Schulen insges.**[3]	**Bewerbungen nach Schulform**[4]	**in %**	**Vergleich 1998: Bewerbungen**	**in %**
Grundschule	530	19	3,6	53	10
Gesamtschule	265	12	4,5	17	6,4
Realschule	78	5	6,4	5	6,4
Gymnasium	104	14	13,5	0	0
Förderschule	124	8	7,2	7	5,6
Oberstufenzentrum[5]	29	3	10,3	5	17,2

2 Aus einzelnen Schulen sind mehrere Bewerbungsunterlagen eingegangen

3 Quelle: Landesamt für Datenverarbeitung und Statistik Brandenburg (Hrsg.), Statistische Berichte BI1-j/99, Allgemein bildende Schulen Brandenburg, Schuljahr 1999/2000, Potsdam, April 2000.

4 siehe Fußnote 2

5 Schulen der Sekundarstufe II mit allgemeinen und beruflichen Bildungsgängen.

Im Vergleich zum Wettbewerb „innovative Schulen“ im Jahr 1998 ergeben sich folgende Erkenntnisse:

- Natürlich war die Ausschreibungsfrist von Ende Mai bis Mitte September 2000 für die Schulen ungünstig, weil das Ende des Schuljahres mit Zeugniskonferenzen und Abschlussprüfungen, aber auch die Sommerferien die Bewerbungsfrist schmälerten.
- 1998 hatten sich insgesamt 89 Schulen beworben, im Jahr 2000 waren es 69, ein Rückgang um 22,5 %. Dieser Rückgang erklärt sich durch die sinkenden Bewerberzahlen aus Grund- und Gesamtschulen, obwohl das Interesse aus Gymnasien im Jahr 2000 stark anstieg.
- Unter Umständen ist inzwischen die Beschäftigung mit innovativen Unterrichtsformen in den Grund- und Gesamtschulen im Land Brandenburg so weit Normalität, dass die Ausschreibung die dortigen Lehrkräfte nur wenig erreicht hat. Innovativer Unterricht ist in manchen Lernbereichen und Schulformen inzwischen „Normalität“, die nicht besonders präsentiert werden muss.
- Der konkrete Vergleich der Bewerberzahlen von 1998 und 2000 zeigte auch, dass sich nur acht Schulen 1998 und 2000 beworben hatten, offensichtlich hat der Wettbewerb im Jahr 2000 eine andere Zielgruppe erreicht.
- Weiterhin wurde deutlich, dass mit dem Wettbewerb nicht alle innovativen Schulen und Lehrkräfte erreicht wurden. Eine Pressemitteilung zum Wettbewerb, die in der Vorbereitungswoche[6] kurz vor Ende der Ausschreibungsfrist in den brandenburgischen Medien veröffentlicht wurde, zeigte fast größere Wirkung als die Plakataktion, die das PLIB im Mai 2000 initiierte.

[6] Die letzte Woche der Sommerferien gilt in Brandenburg traditionell als „Vorbereitungswoche“; alle Lehrkräfte treffen sich zur Vorbereitung des Schuljahres in ihrer Schule und nutzen die Zeit für Planungen, Absprachen und gemeinsame schulinterne Fortbildungsveranstaltungen.

Die Vorauswahl / fachliche Einschätzung im PLIB

Die Vorauswahl geschieht in Anlehnung an die Überlegungen der Theodor-Heuss-Stiftung, die einen Wettbewerb zum Thema „Demokratisch Handeln“ durchführt[7]. Referent/-innen des PLIB übernehmen die fachliche Einschätzung aller eingereichten Unterrichtsbeispiele auf der Grundlage der folgenden Kriterien:

- Verständlichkeit, d. h., wird das innovative Unterrichtsbeispiel auf eine verständliche und nachvollziehbare Weise beschrieben? Führt die Darstellung des jeweiligen Unterrichtsbeispiels zu einem möglichen „Nachahmeffekt“? Werden Leser bzw. andere Lehrkräfte / Lehrkräfteteams motiviert, selbst mehr Energie in die innovative Arbeit an der eigenen Schule zu stecken (Aufforderungscharakter)?
- Greifbare Ergebnisse, d. h., ist das innovative Unterrichtsbeispiel bereits realisiert und reflektiert worden? (Unterrichtsbeispiele in der Planungsphase werden nicht zugelassen). Hat es das Interesse der anderen Lehrkräfte in der Schule geweckt? Hat das Projekt Wirkung auch in der Öffentlichkeit hervorgebracht? Hilft das Vorhaben mit, dass sich der Kreis der aktiv am Schulleben Beteiligten vergrößert? Ist das Unterrichtsbeispiel mit dem Schulalltag, dem Schulleben verwoben? Haben Schüler/-innen, Eltern und Lehrkräfte den Eindruck, dass mehr / besser gelernt wurde?
- Innovativer Aspekt des eingereichten Beitrages, d. h., wir hatten Lehrkräfte und Schulen gesucht, die ihren Unterricht verändert haben, die andere und neue Wege beschritten haben, um die Qualität ihres Unterrichts und ihrer Schule zu verbessern.
- Selbstkritischer Blick, d. h., lässt die Antragstellerin / der Antragsteller auch einen selbstkritischen Blick auf ihr/sein

[7] Förderprogramm Demokratisch Handeln, Geschäftsstelle Friedrich-Schiller-Universität, Lehrstuhl für Schulpädagogik und Schulentwicklung, 07749 Jena.

innovatives Unterrichtsbeispiel erkennen? Ist alles gut oder werden auch Schwierigkeiten und Probleme angerissen?

- Beteiligung von Schüler/-innen bzw. Eltern, z.B. an der Zielsetzung, an der Planung, an der Durchführung des Unterrichtsbeispiels. Sind Planungs- und Projektgruppen auch mit Schüler/-innen oder Eltern besetzt? Sind die Schüler/-innen und Eltern eher „Opfer", die die Resultate der Innovation „erleiden" oder sind sie Akteure, haben sie sich einbringen können in den innerschulischen Planungs-, Realisierungs- und Entscheidungsprozess?

- Vermittlung von Lernkompetenzen, d.h. die vorgestellten Unterrichtsbeispiele sollten die Lern- und die sozialen Kompetenzen der Schülerinnen und Schüler in den Blick nehmen.

- Konkrete Bezüge lokaler oder gesellschaftlicher Art (Öffnung von Unterricht zum Umfeld); d.h., sind durch das Unterrichtsbeispiel Beziehungen zum schulischen Umfeld, zu einzelnen Personen oder Institutionen außerhalb der eigentlichen Schule geknüpft / gefestigt worden. Welche Planungsformen haben die verschiedenen, an dem Vorhaben beteiligten Personengruppen gewählt? (Wie) sind die außerschulischen Partner/-innen eingebunden? Sind diese nur als Ressourcengeber beteiligt (z.B. als Geldgeber, Projektanbieter etc.) oder als gleichberechtigte (Planungs-) Partner. Hatten diese Zugang zum Unterricht?

- Unterstützung, d.h., gab es eine besondere materielle oder ideelle Unterstützung des Innovationsvorhabens durch Institutionen, Forschungseinrichtungen, Stiftungen, Schulverwaltung etc.?

Die beteiligten PLIB-Mitarbeiter/-innen erhielten als „Erstgutachter/-in" jeweils sieben Bewerbungsunterlagen mit Anlagen. Außerdem prüften sie sieben weitere Bewerbungsunterlagen als Zweitgutachter/-in.

In Einzelarbeit wurden „die Schulbeispiele“ aufgrund der o.g. Kriterien gesichtet und beurteilt. Anschließend wurden alle Bewerbungsunterlagen im „Plenum“ jeweils durch den/die Erstjuror/in vorgestellt und eingruppiert in:

- eindeutig empfehlenswert,
- Zweifelsfall,
- eindeutig nicht empfehlenswert.

In allen Fällen, in denen Erst- und Zweitjuror/-in eine übereinstimmende Position vertraten, wurde das Votum ohne Diskussion gebilligt. Alle Zweifelsfälle (falls sich die Juror/-innen für „Zweifelsfall“ entschieden hatten bzw. das Urteil von Erst- und Zweitjuror nicht übereinstimmte) wurden in einer zweiten Runde von allen Anwesenden gemeinsam in „eindeutig empfehlenswert“ bzw. „eindeutig nicht empfehlenswert“ eingeteilt.

Aufgrund der fachlichen Einschätzung der PLIB-internen Vorbereitungsgruppe entsprachen 28 der eingesandten Unterrichtsbeispiele in besonderer Art und Weise den Wettbewerbskriterien und wurden zu einer Präsentation im PLIB eingeladen.

Die Präsentation „innovativer Unterricht“

Die Ansprechpartner/-innen der ausgewählten Unterrichtsbeispiele wurden eingeladen, ihr konkretes Unterichtsbeispiel anlässlich der Präsentation zweifach vorzustellen, und zwar

a) auf dem „Markt der Möglichkeiten“: Dieser Markt war zwei Tage frei zugänglich. Hier wurden die ausgewählten Unterrichtsbeispiele und die beteiligten Schulen der interessierten Öffentlichkeit zur gegenseitigen Information und Diskussion vorgestellt. Die Schulvertreter/-innen bestimmten die Form und die Inhalte ihrer Präsentation selbst. Dabei hatten sie Gestaltungsfreiheit und nutzten z.B. Plakate, Flipcharts, Foto-, u.U. aber auch Video- oder Computerpräsentationen. Ziel war der fachliche Austausch zwischen den Wettbewerbsteilnehmer/-innen.

b) vor dem Plenum aller Beteiligten der Präsentation in einer 5-minütigen Zusammenfassung: Hier mussten die Wettbewerbsteilnehmer/-innen ihr Unterrichtsbeispiel mündlich vor dem Plenum der gesamten Veranstaltung auf einer Bühne in insgesamt drei Präsentationsblöcken vorstellen und kommentieren. Auch hier bestimmten die Schulvertreter/innen die Form und die Inhalte ihrer Präsentation selbst und nutzten Vorträge, Rollenspiele, Computer- und Videopräsentationen. Auffällig war die Zahl der Schüler/-innen, die den Wettbewerbsbeitrag ihrer Schule präsentierten!

Jury

Die unabhängige Jury setzte sich aus einer Vertreterin der Universität Potsdam, jeweils einem Vertreter der obersten und der unteren Schulbehörden im Land Brandenburg sowie zwei Vertretern des Pädagogischen Landesinstituts Brandenburg zusammen. Die Jury nahm während der gesamten Veranstaltung die Bewertung der Unterrichtsbeispiele für die Preisverleihung vor. Bei ihrer Entscheidung berücksichtigte sie neben den schriftlichen Bewerbungsunterlagen auch die Vorstellung auf dem „Markt der Möglichkeiten“ und die Präsentation vor dem Plenum.

Preisverleihung

Am Ende der zweitägigen Präsentation standen die Preisträger fest und wurden feierlich prämiert. Die Jury machte jedoch deutlich, dass eigentlich alle eingeladenen 28 Schulbeispiele zu den Siegern gehören. Die prämierten Schulen präsentieren daher nicht unbedingt die besten Unterrichtsinnovationen, sondern verstanden es in besonderer Art und Weise, die Neugier auf ihren Wettbewerbsbeitrag zu wecken.

Veröffentlichung

Alle eingegangenen Schulbeispiele werden in den „Pädagogischen Schulentwicklungsatlas Brandenburg“ aufgenommen, der als Werkstattheft[8] und auf der Homepage des PLIB veröffentlicht ist.

Warum führen wir einen solchen Wettbewerb durch?

Die Idee des Wettbewerbs geht von der Annahme aus, dass die pädagogische Schul- und Unterrichtsentwicklung in den Schulen Brandenburgs weiter vorangeschritten ist, als gemeinhin bekannt. In vielen Schulen sind ausgefeilte pädagogische Unterrichts- und Schulentwicklungsvorhaben in Gang gesetzt worden, um die *Qualität der Schule* zu entwickeln. Diese Schulen erhalten nun die Möglichkeit, den Stand ihrer pädagogischen Entwicklungsvorhaben in geeigneten Präsentationsformen öffentlich darzustellen.

Weiterhin soll der Wettbewerb das schulübergreifende Informationssystem im Land Brandenburg, welche pädagogischen Schulentwicklungsvorhaben in den Schulen vor Ort mit welchem Erfolg praktiziert werden, befördern. Dieses Informationssystem dient zum einen der „Querberatung“ nach dem Motto: „Schulen lernen von Schulen“. Die Betrachtung der präsentierten Schulbeispiele soll den Mut in den Schulen zur Unterrichtsinnovation fördern und so das System der schulinternen Qualitätsentwicklung voranbringen. Zum anderen dient es den politisch Verantwortlichen und den Mitarbeiter/-innen in den Schulbehörden und nachgeordneten Unterstützungssystemen, die die Informationen über den Stand der Unterrichtsinnovation in den selbstständigen Schulen und Rückmeldung über den sinnvollen Einsatz der finanziellen Mittel

[8] Pädagogisches Landesinstitut Brandenburg (Hrsg.), Werkstattheft 50, Pädagogischer Schulentwicklungsatlas Brandenburg, Berlin 1999.

im Bildungshaushalt bekommen. So gesehen nimmt der Wettbewerb „innovative Schulen in Brandenburg“ die Kritik der Bildungskommission NRW auf: „Das öffentliche Schulwesen leidet darunter, dass es mit weitgehend standardisierten Modellen betrieben wird und einer Herausforderung durch alternative und konkurrierende pädagogische und organisatorische Modelle kaum ausgesetzt ist. Qualitätsverbessernde Impulse, die sich aus einem Wettbewerb unterschiedlicher Konzepte ergeben könnten, spielen bisher kaum eine Rolle im Steuerungssystem.“[9]

Ziel des Wettbewerbs: Qualitäts- und Personalentwicklung

Die „erweiterte Selbstständigkeit der Schulen“ ist ein Instrument zur Erhöhung der Bildungsqualität in Brandenburgischen Schulen. Das brandenburgische Schulgesetz (BbgSchulG) von 1996 erweitert die Gestaltungsmöglichkeiten und Verantwortung der einzelnen Schule, danach bestimmt die jeweilige Schule im Rahmen der Gesetze ihre pädagogische, didaktische, fachliche und organisatorische Tätigkeit selbst, sie soll mehr Entscheidungsbefugnisse über die Verwendung von Sach- und Personalmitteln erhalten und ist verpflichtet, ein vielfältiges Schulleben zu entwickeln und zu fördern[10].

Die Forderung nach erweiterter Selbständigkeit der Schule folgt der Einsicht, dass qualitätvolle Arbeit und gute Leistungen im komplexen Handlungsgefüge der Schule am besten dann erreicht werden, wenn die Schule selbst die Verantwor-

---

[9] Bildungskommission NRW, Zukunft der Bildung – Schule der Zukunft: Denkschrift der Kommission „Zukunft der Bildung – Schule der Zukunft“ beim Ministerpräsidenten des Landes Nordrhein-Westfalen; Neuwied 1995, S. 152.

[10] vgl. Brandenburgisches Schulgesetz (BbgSchulG) vom 12.April 1996, § 7.

tung für die *Qualitätssicherung* und -entwicklung ihrer Arbeit übernimmt und dabei eigene Schwerpunkte setzen kann. Dies muss zielgerichtet und als gemeinsamer Prozess der an der schulischen Arbeit Beteiligten – der Schulleitung, der Lehrkräfte, der Schülerinnen und Schüler und ihrer Eltern – erfolgen. Daher ist „Mitwirkung“, die Beteiligung der Lehrkräfte, Schüler/-innen und Schüler und der Eltern an den innerschulischen Entscheidungsprozessen, ein wichtiger Aspekt der Selbstständigkeit der Schulen[11]. Für die Qualitätssicherung und -entwicklung ihrer Arbeit benötigen die Schulen ein „internes Qualitätsentwicklungssystem“, d.h. die Verabredung interner Standards und Indikatoren für die Qualitätsentwicklung des Unterrichts im engen fachlichen Sinne, für die methodisch-didaktischen Strategien und für ihr Schulleben. Diese internen Standards und Indikatoren sind sozusagen die „Messlatten“ der internen Qualitätsentwicklung. Weiterhin benötigen die Schulen eine hilfreiche Außensicht (Beratung und Aufsicht) durch Schulaufsicht und Unterstützungssysteme, die Rahmenbedingungen, externe Qualitätssicherung und Wissenstransfer gewährleisten. Last not least brauchen die Schulen konkrete und realistische Beispiele für ihre schulische Qualitätsarbeit. Diese Beispiele beflügeln einerseits die eigene Innovationsbereitschaft, bieten andererseits aber auch eine Grundlage für die Schulen und ihre Lehrkräfte, um von den gelungenen Lösungen, die im brandenburgischen Schulsystem präsent sind, im Sinne von „Benchmarking“[12] zu lernen.

Die Beispiele werden im Wettbewerb „Innovative Schulen“ gefunden und im Pädagogischen Schulentwicklungsatlas Brandenburg veröffentlicht. Weiterhin ist eine neue Dimension der Personalentwicklung notwendig: Betroffene zu Beteiligten machen, heißt das Schlagwort. Hier gibt es noch Defizi-

[11] vgl. ebenda §§ 74ff.

[12] vgl.: BANDEMER, BLANKE, NULLMEIER, WEWER (Hrsg.), Handbuch zur Verwaltungsreform, Opladen 1998, S. 86f.

te in den Schulen: „Gegenwärtig wird im Schulwesen zu wenig berücksichtigt, dass qualifizierte Mitarbeiter in der Regel Entwicklungsansprüche an ihre Berufstätigkeit stellen. Gespräche über berufliche Perspektiven und darauf aufbauende Planungen zwischen Schulleitung und Lehrerinnen und Lehrern sind selten. Das Schulsystem scheint von einem sich erneuernden Berufsethos auszugehen, das auch ohne Leistungsanreize und Entwicklungschancen das Berufsleben hindurch erhalten bleibt.“[13] Der Wettbewerb „innovative Schulen“ bietet denjenigen eine Bühne, die in den Schulen über ihre eigentliche Unterrichtsverpflichtung hinaus pädagogische Schulentwicklungsprojekte voranbringen. Diese Personen treten in die Öffentlichkeit und präsentieren ihr Projekt, unter Umständen bekommen sie für ihr Projekt sogar zusätzliche Mittel. Sie sehen sich als Ratgeber ernst genommen, ihr Anspruch, sich nicht nur im Unterricht mit bestimmten Dingen auseinander zu setzen, wird erfüllt. So gesehen, ist der Wettbewerb „Innovative Schulen“ ein Bestandteil eines veränderten Anreizsystems, das für die Schulen so notwendig ist[14].

Zur Zeit ist jedoch über den Unterricht hinausgehendes Engagement für die berufliche Entwicklung von Lehrerinnen und Lehrern in vielen Fällen nur nachrangig von Bedeutung.

Zusätzliche Aufgaben werden daher oft zu wenig auf die Fähigkeiten des Einzelnen bezogen und werden deshalb als Belastung, nicht als Bereicherung empfunden.[15]

---

[13] Bildungskommission NRW, Zukunft der Bildung – Schule der Zukunft: Denkschrift der Kommisison „Zukunft der Bildung – Schule der Zukunft“ beim Ministerpräsidenten des Landes Nordrhein-Westfalen; Neuwied 1995, ebenda S. 321.

[14] vgl. Inge Grothus, Systemische Personalförderung in der Schule, eine nicht-delegierbare Führungsaufgabe der Schulleitung, in: H. Buchen, L. Horster, H.G. Rolff, Schulleitung und Schulentwicklung; Loseblattsammlung; Stuttgart 1999, C 2.3.

[15] vgl. Bildungskommission NRW, Zukunft der Bildung – Schule der Zukunft: Denkschrift der Kommisison „Zukunft der Bildung – Schule der Zukunft“ beim Ministerpräsidenten des Landes Nordrhein-Westfalen; Neuwied 1995, S. 322.

CHRISTIAN ERNST

Schulentwicklung in Berlin

Ab Mitte der 1990er-Jahre gesellen sich zur pädagogischen Entwicklung des Berliner Schulsystems zunehmend Unternehmensstrategien. Seit dem Gutachten der Kienbaum Unternehmensberatung im Jahre 1994 bis in die Gegenwart hinein geben verstärkt Schlagwörter aus der Wirtschaft Orientierung zur Organisation des Berliner Schulwesens. Im Sommer 2000 informierte die Frankfurter Allgemeine Zeitung über Innovationen in der Berliner Schule unter dem Titel „Unternehmensstrategie für das Produkt“, zeitgleich attestierte die Wirtschaftswoche dem Berliner Schulsystem allerdings „Drittklassigkeit“[1].

Nach der Wiedervereinigung der Stadt Berlin und infolge der Entwicklung Berlins als Hauptstadt sowie als europäische Metropole hat der Senat von Berlin eine Reihe von Innovationen und Neuerungen im Schulwesen beschlossen. Begründet wurden die Maßnahmen zur Weiterentwicklung des Berliner Schulwesens durch veränderte gesellschaftliche Rahmenbedingungen, neue pädagogische Anforderungen an die Einzelschule und nicht zuletzt die Implementation neuer Führungs- und Steuerungssysteme in der Berliner Verwaltung. Angestoßen wurde die Diskussion durch eine parlamentarische Initiative zur Stärkung der Entscheidungskompetenz der Einzelschule im Jahre 1993. Damit wurde auch Berlin von der zentralen schulpolitischen und schulpädagogischen Diskussion der 1990er-Jahre über die Frage erfasst, ob den einzelnen Schulen eine erweiterte Verantwortung übertragen werden sollte. Anders als in anderen Bundesländern stützte sich die

[1] Julia Naumann: Unternehmensstrategie für das Produkt, Frankfurter Allgemeine Zeitung vom 20. Juli 2000; Peter Gräf: Klassenlose Gesellschaft, Wirtschaftswoche Nr. 30 vom 20. Juli 2000.

Berliner Konzeption der „Schulen in erweiterter Verantwortung“ auf ein externes Positionspapier der KIENBAUM Unternehmensberatung, das in einen Senatsbeschluss über die Stärkung der Eigenverantwortlichkeit von Schulen in Berlin im Mai 1995 mündete. Die drei als wesentlich ausgewiesenen Bereiche lagen in der erweiterten Verantwortung der Einzelschule für pädagogische Entscheidungen, für die Vergabe zugeteilter Sachmittel sowie die Verteilung von Stundenpools.

Mit dem Senatsbeschluss verknüpft war ein zweistufiger Maßnahmenkatalog für Schulen. In einer ersten Stufe konnten auf Antrag Schulen unter Wahrung der Kostenneutralität ab Schuljahr 1995/96 mit Hilfe eines Schulprogramms Schwerpunkt- bzw. Epochenbildung des Unterrichts, Abweichungen vom 45-Minuten-Takt bzw. von der Wochenstundentafel im Umfang von bis zu zwei Stunden, eine Poolbildung für das Schulprofil usw. vornehmen. Eine zweite Stufe sollte nach erfolgter Gesetzesänderung beginnen, die aber bis zum Jahr 2000 noch ausstand.

Berliner Bildungslandschaft

Die Berliner Bildungslandschaft zeichnet sich insbesondere durch ihre Vielfalt aus. Der sechsjährigen Grundschule folgen im allgemein bildenden Oberschulbereich Haupt-, Real- und Gesamtschulen sowie Gymnasien, berufsfeldbezogene Oberstufenzentren vereinen die verschiedenen beruflichen Schulen (Berufsschulen, Berufsfachschulen, Fachoberschulen und Fachschulen). An den über 1100 allgemein bildenden und berufsbildenden Schulen in Berlin werden im Schuljahr 2000/2001 knapp 480.000 Schülerinnen und Schüler von gut 32.000 Lehrerinnen und Lehrern unterrichtet.

Bereits vor den Reformbemühungen einer Berliner Schule in erweiterter Verantwortung bestanden Schulen, die von allgemein üblichen Bildungsgängen abwichen. Hierzu zählen u. a. Gymnasien, die bereits mit der fünften Klasse beginnen,

Staatliche Europaschulen, bilinguale Schulen und nicht zuletzt Schulen mit ausgeprägter Profilierung, die bereits vor 1989/90 im ehemaligen Ostteil der Stadt gegründet wurden wie die Sportschulen, die Staatliche Ballettschule und Schule für Artistik usw. Hinzu treten Schulen, die in ehemaligen Modellversuchen begründet weiterhin abweichende Organisationsformen pflegen oder als Schule mit besonderer pädagogischer Prägung bezeichnet werden. Angesichts der Vielfalt ist der Umstand bemerkenswert, dass über das Angebot hinaus mit dem Reformvorhaben der Schulen in erweiterter Verantwortung nunmehr allen Schulen Möglichkeiten der Profilierung geboten werden sollten. Für eine Realisierung der erweiterten Verantwortung der Einzelschulen im Sinne eines offenen Angebots an die Berliner Schulen spricht die unterschiedlich entwickelte Bereitschaft und Fähigkeit der Schulen, pädagogische Profile zu realisieren. Der Senat ist daher der Auffassung, dass Schulentwicklung nicht auf zahlenmäßig eng begrenzte Modellversuche beschränkt werden sollte.

Modellversuch der Schulen in erweiterter Verantwortung

Auf Antrag des Landes Berlin wurde das Modellprojekt der Schulen in erweiterter Verantwortung in den Jahren 1995-1998 von einem gleichnamigen Modellversuch begleitet, der von der Bund-Länder-Kommission für Bildungsplanung und Forschungsförderung gefördert wurde. Als Ziele des Versuchs wurden benannt:

- die Stärkung der Eigenverantwortung der Einzelschule hinsichtlich der Entwicklung pädagogischer Profile, der Entscheidung über die Verwendung von Sach- und Personalmitteln,
- den effizienten Einsatz von Mitteln in den Schulen selbst durch Entscheidungen vor Ort,

- die Umsetzung eines neuen Führungs- und Steuerungssystems auch im Schulbereich und somit die Unterstützung der Dezentralisierung der Ressourcenverantwortung.

Darin eingebettet hat die erweiterte Verantwortung der Einzelschule folgende Ziele:
- die Verknüpfung pädagogischer Entscheidungen und Verwaltungshandeln vor Ort in der Schule,
- die Verkürzung von Entscheidungswegen,
- den Abbau kostensteigender Verfahrensabläufe durch Verringerung der Regelungsdichte,
- die effiziente und ressourcensparende Übernahme von Entscheidungen durch die Einzelschule,
- die eindeutige Verantwortung der Schulleitung und die stärkere Mitwirkung von Lehrern, Eltern und Schülern.

Angesichts des ehrgeizigen und auf einen Paradigmenwechsel schulpolitischer Steuerung setzenden Vorhabens konnte als ein wesentliches Ergebnis des Modellversuchs die Schaffung eines innovationsfreundlichen Klimas ausgewiesen werden, das als Vorausetzung für weiterführende praktische Innovationen gelten kann. Im Bereich der Profilbildung hatten Schulen wesentliche Fortschritte machen können.

Im Bereich der Finanzfreiheit sind jedoch wenig Veränderungen erkennbar geworden. Das Berliner *Schulgesetz* wurde zwar im Zeitraum des Modellversuchs geändert, mögliche neue Freiheiten bleiben aber abhängig vom jeweiligen Berliner Bezirk in seiner Schulträgerfunktion. So können nunmehr zur Sicherung von Unterricht und Erziehung, der notwendigen Ausstattung und des ordnungsgemäßen Betriebes der Schulen sowie zur Förderung der Eigenverantwortung die Berliner Bezirke die von ihnen veranschlagten Finanzmittel für Lernmittel und Unterrichtsmaterial, zur Durchführung schulischer Veranstaltungen, für die Ausstattung mit Schul- und Hausgeräten (konsumtive und investive Beschaffung) sowie für Informations- und Kommunikationstechnik, ferner für bauliche Unterhaltungsmaßnahmen sowie Geschäftsbedarf den Schulen zur Selbstbewirtschaftung zur Verfügung stellen (SchulG § 18a (3)).

Im Bereich der Personaleinstellung sind die Rahmenbedingungen als weitgehend ungenügend eingeschätzt worden. In diesem Bereich waren keine Veränderungen festzustellen, obwohl nach Einschätzung der wissenschaftlichen Begleitung des Modellversuchs *Profilbildung* und eigene Verantwortung nur effektiv von Kontinuität geprägt sein kann, wenn Schulen wenigstens einen gewissen Einfluss auf die Einstellung von Lehrern haben, damit gesichert ist, dass diese wenigstens das Profil kennen und bereit sind, aktiv und konstruktiv an den von der Schule selbst entwickelten pädagogischen und didaktischen Konzepten mitzuarbeiten.

Modellprojekt der Schulen in erweiterter Verantwortung

Die Attraktivität des Modellprojekts der Schulen in erweiterter Verantwortung ist seit dem Schuljahr 1995/96 ungebrochen. Rund ein Viertel aller Berliner Schulen nimmt inzwischen daran teil. Zwischen 45–50 % der Gesamt-, Haupt- und Realschulen, 17 % der Grundschulen und 14 % der Gymnasien. Schwerpunktmäßig wurden beantragt an Grundschulen die Stärkung reformpädagogischer Arbeit, Umwelt- und Gesundheitserziehung, die Erweiterung des Angebots im künstlerisch-musikalischen Bereich, Fremdsprachen-Frühbeginn, Leistungsdifferenzierung in den Klassen 5/6, Abweichung vom 45-Minuten-Takt der einzelnen Unterrichtsstunde; an Gesamtschulen die Erweiterung des Angebots im künstlerisch-musischen, im sportlichen und im naturwissenschaftlichen Bereich; an Hauptschulen Unterrichtsstunden nach dem 40-Minuten-Modell, Epochalunterricht / Blockbildung sowie Schulstationen; an Realschulen die Stärkung der Informationstechnischen Grundbildung sowie Berufsorientierung;

an Gymnasien die Erweiterung des Angebots im künstlerisch-musikalischen Bereich, schließlich an berufsbildenden Schulen die Entwicklung zusätzlicher Qualifikationen, vollschulischer beruflicher Bildungsgänge und die Erprobung neuer Lehr- und Lernformen.

Grundsätzlich ist festzustellen, dass die am Modellprojekt teilnehmenden Schulen mit hohem Engagement und Kreativität Handlungsspielräume genutzt haben, um an ihrem Standort mit einer spezifischen Schüler- und Lehrerschaft Antworten auf Fragen der Unterrichtsentwicklung und Qualitätssicherung zu finden. Das wichtigste positive Ergebnis ist, dass Schulen durch ihre innovative Einstellung und ihre aktive Teilnahme am Modellprojekt interne Prozesse zu mehr Selbstreflexion und Professionalität entwickelt haben.

Bereits die umfängliche Untersuchung von RIEDEL im Jahre 1998 (Schulleiter urteilen über Schule in erweiterter Verantwortung) machte deutlich, dass das Berliner Vorhaben der Schulen in erweiterter Verantwortung in der Einschätzung nicht nur als „Krisenmanagement zur politischen Bewältigung ökonomisch bedingter Problemzuspitzungen“ gesehen wurde, sondern dass ebenso eine sich vielfältig artikulierende Zuversicht der Möglichkeiten einer inneren Schulreform unverkennbar ist. „Zu 80 % von einem Bedarf an Reforminitiativen ausgehend, sehen 75 % in einer erweiterten Verantwortung der Schule ein altes, auch unter schwierigen Bedingungen weiter zu verfolgendes Reformziel.“ Generell wird dem Zuwachs an Gestaltungsfreiheit durch Verantwortungsdelegation im Rahmen verbindlicher Vorgaben mit beinahe 90 % zugestimmt.

Zu einem ähnlich positiven Ergebnis gelangt die Befragung von Lehrern, Schülern und Eltern zum Thema Schulprofilierung an Berliner allgemein bildenden Schulen von ACHTERBERG im Jahr 1999. Die Studie zur Schule in erweiterter Verantwortung in Berlin konstatiert in ihrem zusammenfassenden Ergebnis: „An den Schulen ist die Bereitschaft zu beobachten, individuelle Ziele zu entwickeln und umzusetzen. Schulprofilbildung wird von den Beteiligten als notwendiger Prozess akzeptiert."

Grundschulreform 2000

Ein weiteres Reformvorhaben, das sich auch nicht in seinem Selbstverständnis als „Reform von oben" sieht, ist die seit Beginn des Schuljahres 1998/99 gestartete Berliner Grundschulreform 2000. Sie umfasst ein Bündel an Schwerpunkten: *Flexibilisierung* des Verfahrens zum Schuleintritt, Individualisierung der Schulanfangsphase, Entwicklung einer verlässlichen Halbtagsgrundschule, Förderung benachteiligter Kinder in sozialen Brennpunkten, Begegnung mit einer Fremdsprache ab Klasse 3, Profilierung und Differenzierung in den Klassen 5 und 6, schließlich das Vorhaben Computer in die Grundschule.

Im Schuljahr 1998/99 wurde an 25 Berliner Grundschulen der landesweite Schulversuch „Verlässliche Halbtagsgrundschule" begonnen. Im Schuljahr 1999/2000 kamen weitere 20 Schulen hinzu. In einem Zeitraum von vier Jahren soll in der Praxis geprüft werden, inwieweit sich die Grundschule zu einer eher familienfreundlichen Schule entwickeln lässt. Geplant ist, die Anzahl der Grundschulen mit verlässlichen Öffnungszeiten sukzessive zu erweitern, um u. a. bessere individuelle Förderung von Kindern mit unterschiedlicher Entwicklung, um mehr Chancen für Kinder mit sprachlichen Defiziten und um eine veränderte Lernorganisation im Rahmen eines rhythmisierten Schultages erzielen zu können.

Seit dem Schuljahr 2000/2001 bieten inzwischen über 330 Berliner Grundschulen (rd. 70 % der Berliner Grundschulen) die Begegnung mit einer Fremdsprache ab Klasse 3 an. In rund 10 % dieser Schulen erfolgt eine Begegnung nicht nur mit der englischen, sondern auch wahlweise mit der französischen Sprache. Bis zum Schuljahr 2002/2003 soll der Fremdsprachenfrühbeginn vorwiegend mit Englisch, aber auch mit Französisch bzw. Russisch flächendeckend und verbindlich eingeführt sein. Einen ähnlich erfolgreichen Verlauf nahm der Schwerpunkt der Grundschulreform „Computer in die Grundschule“. Seit dem Schuljahr 2000/2001 haben rund 80 % der Berliner Grundschulen einen Internet-Zugang.

Eine Besonderheit der Grundschulreform 2000 ist die *Profilbildung* mit Hilfe des verbindlichen Wahlunterrichts. Wahlbereiche können beispielsweise eine zweite Fremdsprache, Ökologie, bildende Kunst, Musik, Schulspiel, Sport usw. sein. Eine Befragung aller Berliner Grundschulen nach Einführung der Grundschulreform im Jahre 1998/99 zeigte ein vielfältiges Bild an unterrichtlichen Angeboten im verbindlichen Wahlunterricht, allerdings bei Dominanz eher herkömmlicher Themenbereiche wie Musik und Bildende Kunst, Technik, Naturwissenschaften, Schulspiel u. Ä. Tendenziell haben Formen äußerer Differenzierung in der Berliner Grundschule Akzeptanz gewonnen. Es ist beabsichtigt, in den Fächern Deutsch, Mathematik und Englisch eine Leistungsdifferenzierung in den Klassen 5 und 6 an allen Berliner Grundschulen verbindlich durchzuführen.

Schulprogrammentwicklung und Evaluation

Ergänzt wird seit dem Schuljahr 2000/2001 die Berliner Schulentwicklung durch ein Vorhaben, an dem zunächst in einer Pilotphase rund 60 Berliner Schulen teilnehmen. An Schulen soll die Schulprogrammentwicklung als Instrument der Qualitätsverbesserung von Unterricht und Erziehung systematisch erprobt und gefördert werden. Hierzu konnten sich Berliner Schulen bewerben. Ziel der Pilotphase ist es, eine Innovations- und Implementationsstrategie für die geplante umfassende verbindliche Einführung von Schulprogrammen in der Berliner Schule zu entwickeln. Dabei sollen die Erkenntnisse der Pilotschulen aufbereitet werden und in den weiteren Prozess der Schulentwicklung einfließen. Das betrifft insbesondere exemplarische Strukturen der Schulprogrammarbeit, mögliche Konflikte und Lösungsstrategien, wichtige Etappen des Prozesses, der zu einem Schulprogramm führt, die Ermittlung des erforderlichen Fortbildungsbedarfs sowie die Optimierung des Beratungs- und Unterstützungssystems. Für die Pilotschulen ist eine Beratungsagentur „Schulqualität in Berlin" innerhalb des Berliner Landesinstituts für Schule und Medien eingerichtet worden. Sie soll den Schulen durch ihre Schulentwicklungsberater u. a. eine Begleitung bei den konkreten Arbeitsschritten im Prozess der Schulprogrammentwicklung gewährleisten, insbesondere bei den damit verbundenen Innovations- und Veränderungsprozessen, ferner Moderationen und Workshops anbieten, Coaching von Schulentwicklungsgruppen oder sonstigen mit Schulprogrammentwicklung befassten Gruppen und Personen durchführen. Der Schulaufsicht kommt in diesem Prozess die Aufgabe zu, die unterschiedlichen Schwerpunkte und Zielsetzungen der Schulen in den Berliner Regionen untereinander abzustimmen, die fachliche Diskussion über die einzelne Schule hinaus zu fördern und ihnen den Leistungsvergleich mit anderen Schulen zu ermöglichen.

Schulentwicklung zu Beginn des neuen Jahrzehnts

Die Initiativen zur Schulentwicklung in Berlin der 1990er-Jahre haben zweifellos zur Vielfalt und Profilierung der Berliner Schullandschaft beigetragen. Ein Blick in das Verzeichnis der „besonderen Angebote" der Berliner Schule macht diese Entwicklung sinnfällig: Besondere Angebote des Sprachunterrichts wie bilinguale Züge in unterschiedlichen Fremdsprachen und zweisprachige Alphabetisierung; als fachbezogene Angebote ein breites Spektrum von künstlerisch-musikalischen über naturwissenschaftliche und informationstechnische bis hin zu sportbetonten Profilierungen; Schulversuche und besondere Projekte wie Individualisierung des gymnasialen Bildungsganges über Modulare-Duale-Qualifizierungsmaßnahmen an berufsbildenden Schulen bis hin zu berufsorientierenden Lehrgängen in Kooperation mit Betrieben der freien Wirtschaft legen Zeugnis der Vielfalt ab.

Ungeachtet dessen hat die Berliner Schule mit Problembereichen sich auseinanderzusetzen, die nicht ursächlich in der Organisation der Steuerung selbst begründet sind, an der sich aber die Berliner Schulentwicklung gleichsam messen lassen muss. Je nach Perspektive erhalten Einschätzungen der Berliner Schule eine grundsätzlich andere Ausrichtung. Wird vom Unterrichtsausfall, sanierungsbedürftigen Gebäuden u. Ä. ausgegangen, so erscheint die Einschätzung der eingangs zitierten Wirtschaftswoche plausibel, übersieht aber die bundesweit nahezu einmalige Vielfalt im Berliner Schulwesen. Wird der Blick auf das stattliche Bildungsangebot Berliner Schulen fokussiert, werden Problemfelder übersehen, die Finanzierungsproblemen des Personalhaushalts aufgrund vorgenommener Kürzungen im Landeshaushalt ebenso wie einem gleichsam steigenden Ersatzbedarf aufgrund der Altersstrukturierung und damit steigender Pensionierungsquoten geschuldet sind. Es ist nicht zufällig, dass Reformen Berliner Schulentwicklung häufig mit dem Begriff der Kostenneutralität verbunden sind. Kurzum: Der seit Jahren notleidende Landeshaushalt hat Auswirkungen auf die Qualität des Berliner Schulwesens. Die Kommission „Berliner Bildungsdialog" (s. BAUMERT, 1998) legt hiervon beredtes Zeugnis ab. Berlin hinkt in den Ausgaben pro Schüler deutlich hinter anderen Stadtstaaten wie Hamburg und Bremen hinterher. Während der Gesamthaushalt Berlins in der zweiten Hälfte der 1990er-Jahre um 0,07 % gesunken ist, wurden die Bildungsausgaben um 9,02 % reduziert, sodass der Anteil der Bildungsausgaben am Bruttoinlandsprodukt im selben Zeitraum von 4,92 auf 4,26 % gesunken ist.

In einem Rundschreiben an alle Berliner Lehrerinnen und Lehrer kündigte der Senator für Schule, Jugend und Sport zu

Beginn des Schuljahrs 2000/2001 eine Bildungsoffensive für Berlin an. Das Programm „Mehr Selbständigkeit für die Schule“ soll stufenweise ausgebaut werden. Grundsätzlich verspricht der Ansatz die Erprobung einer dezentralen Bildungssteuerung, die nach dem Subsidiaritätsprinzip verfährt und Verantwortung dort ansiedelt, wo Entscheidungen zu treffen sind. Das Angebot der größeren Selbständigkeit soll sich auf die pädagogischen Gestaltungsmöglichkeiten der einzelnen Schule, auf ihre personelle und finanzielle Entscheidungskompetenz erstrecken. Vorrangig soll es aber ebenso um die Etablierung einer neuen Lern- und Unterrichtskultur an den Berliner Schulen gehen, gestützt durch eine vor Ort verantwortete pädagogische Programmgestaltung, die Beteiligung der Schulen an der Personalauswahl und eine größere Selbständigkeit in allen Fragen der Budgetierung. Nicht zuletzt wird in dem Rundschreiben den Akteuren für ihren unermüdlichen Einsatz bei der Entwicklung der Berliner Schule gedankt. Ohne das Engagement der Lehrerinnen und Lehrer hätte die Berliner Schule nicht so erfolgreich arbeiten und derart beispielhafte Ergebnisse erreichen können.

Literatur

ACHTERBERG, BIRGIT: Schule in erweiterter Verantwortung. Befragung von Lehrern, Schülern und Eltern zum Thema Schulprofilierung an Berliner allgemein bildenden Schulen. Berlin 1999.

AVENARIUS, HERMANN / DÖBERT, HANS (Hrsg.): „Schule in erweiterter Verantwortung“. Ein Berliner Modellversuch (1995 bis 1998). Abschlussbericht der wissenschaftlichen Begleitung. Frankfurt/Main 1998 (Materialien zur Bildungsforschung; Bd. 5).

BAUMERT, JÜRGEN u. a.: Schule in Berlin. Systemmerkmale, Problemzonen, Handlungsbedarf. Berlin 1999.

FEDKE, HUBERTUS: Berliner Schulen – Vielfalt in Verantwortung. In: ERNST, Christian und LOST, Christine (Hrsg.): Schullandschaft Deutschland, Bd. 1: Berlin. Hohengehren 1997, S. 13–25.

GEWERKSCHAFT Erziehung und Wissenschaft (Hrsg.): Bildung in Berlin. Teil I: Schule in Not. Berlin 2000.

GRIESE, CHRISTIANE / DETER, JÖRG OLIVER: Schulen in Berlin. Ein Wegweiser durch die Berliner Schullandschaft. Berlin 2000.

KIENBAUM Unternehmensberatung: Schulen in erweiterter Verantwortung und Errichtung eines Landesschulamtes. Düsseldorf 1994.

LANDESSCHULAMT BERLIN: Verzeichnis der „besonderen Angebote" (Spezifikationen) Berliner Schulen 2000/2001. Berlin 2000.

LANDESSCHULAMT BERLIN: Allgemein bildende Schulen 2000/2001. Berlin 2000.

RIEDEL, KLAUS: Schulleiter urteilen über Schule in erweiterter Verantwortung. Neuwied 1998 (Beiträge zur Schulentwicklung).

SENATSVERWALTUNG für Schule, Jugend und Sport (Hrsg.): Berliner Modellprojekt der Schulen in erweiterter Verantwortung. Pädagogische Konferenz zur Schulentwicklung und zum Schulprofil. Berlin 1996.

SENATSVERWALTUNG für Schule, Jugend und Sport (Hrsg.): Wegweiser durch die Berliner Bildungslandschaft. Berlin 1999.

SENATSVERWALTUNG für Schule, Jugend und Sport (Hrsg.): Berliner Grundschule 1999/2000. Berlin 1999.

SENATSVERWALTUNG für Schule, Jugend und Sport (Hrsg.): Schulqualität in Berlin. Schulprogramm und Evaluation. Berlin 2000.

STATISTISCHES LANDESAMT BERLIN (Hrsg.): Bildung und Kultur. Berlin 2000.

GERHARD HÜFNER / KLAUS WENZEL

Schulentwicklung in Bayern: „Schule gestalten“ – „Schulen auf dem Weg“(?)

Vorläufer der Schulentwicklung in Bayern

Später als in anderen Bundesländern setzte in Bayern 1995 die Diskussion und praktische Erprobung von Schulentwicklung mit dem Schulversuch „Schule gestalten“ ein. Er wurde vom Staatsinstitut für Schulpädagogik und Bildungsforschung (ISB) initiiert und betreut, einer dem Staatsministerium für Unterricht und Kultus (KM) nachgeordnete Behörde, die neben der wissenschaftlichen Begleitung von Schulversuchen als Hauptaufgabe die Überarbeitung der Lehrpläne für alle Schularten hat.

Es gab in Bayern jedoch schon vorher eine Reihe von Schulversuchen, die damals nicht unter dem Oberbegriff Schulentwicklung firmierend, in der heutigen Terminologie aber dem Teilbereich Unterrichtsentwicklung zugeordnet werden können. Zu diesen Vorläufern können u. a. gezählt werden: die Schulversuche zur Integration von Sinnesbehinderten (SCHIEßL, 1988) oder zum fachüberübergreifenden und handlungsorientierten Unterricht in Berufsschulen (HEIMERER u. a. 1996). Das ISB konnte auf den in diesen Schulversuchen gemachten Erfahrungen mit Neuerungen im didaktischen Bereich bei der Konzipierung des Schulversuchs zur Schulentwicklung aufbauen.

Neben diesen staatlichen Schulversuchen gab und gibt es u. a. die von Erziehungswissenschaftlern und Lehrkräften getragenen und von Politikern unterstützten Initiativen „Demokratisches Handeln“ (seit 1990) und „Praktisches Lernen“ (seit 1993). Sie zielen unter dem Titel „Öffnung der Schule“ u. a.

auf die Schaffung einer durch Partizipation geprägten Schulkultur bzw. auf eine Einführung handlungsorientierter Unterrichtsmethoden. In einer zunehmenden Zahl von Schulen wird seither versucht, diese Konzepte umzusetzen. Durch Präsentationen und Preisverleihungen fanden sie auch eine relativ große öffentliche Beachtung. Heute können sie als eigenständiger und unabhängiger Teil bayerischer Schulentwicklung verstanden werden. Bevor also in Bayern offiziell die Stunde der Schulentwicklung schlug, gab es bereits eine nicht genau bezifferbare Anzahl von Schulen, die sich um die Verwirklichung von Innovationen mit unterschiedlichen inhaltlichen Schwerpunkten bemühte. Das Schulentwicklungsprojekt des Kultusministeriums stieß demnach bei Teilen der bayerischen Lehrerschaft auf konkrete Erfahrungen mit schul- und unterrichtsreformerischen Ansätzen.

Der Schulversuch „Schule gestalten“

Initiierung

Im Frühjahr 1995 wurde der Schulversuch „Schule gestalten“ mit je fünf Förderschulen, Grund- und Hauptschulen, Realschulen, Gymnasien sowie Beruflichen Schulen mit einer Laufzeit von drei Jahren begonnen. Die Versuchsschulen konnten vom ISB teils unter interessierten Schulen ausgewählt, teils mussten die Schulen erst von der Teilnahme überzeugt werden. Kriterium für die Teilnahme war, dass die Maßnahmen der Schulentwicklung vom ganzen Kollegium getragen, von skeptischen Lehrkräften mindestens toleriert wurden (SCHIEẞL, u. a. 1999, S. 18f.). Über die 25 Versuchsschulen hinaus wurden weitere elf interessierte Schulen dem Schulversuch assoziiert. Aufgrund dieses Verfahrens kam eine positive, innerer Schulreform aufgeschlossene Auswahl von Schulen zustande, die nicht als repräsentativ für alle bayerischen Schulen gelten kann.

Rahmenbedingungen

Jede Versuchsschule erhielt 2.600,– DM pro Schuljahr zur freien Verfügung, die nach Bedarf für die Beschaffung von Büchern und Materialien, für die Einladung von Referenten im Rahmen einer schulinternen Lehrerfortbildung, für die Gestaltung eines pädagogischen Tages oder Wochenendes des Kollegiums oder ein Schülerprojekt verwendet wurden. Eine Stundenanrechnung für die Entwicklungsarbeit an den Schulen wurde vom Ministerium nicht gewährt. Auch die äußeren organisatorischen Bedingungen der Versuchsschulen und ihre rechtlich fixierten Entscheidungskompetenzen wurden nicht verändert. Schulentwicklung sollte sich ganz auf die Einzelschule konzentrieren und im Rahmen des bisher üblichen Schulbetriebs durchgeführt werden. Allerdings stellt der Status „Versuchsschule" ein gewisser Schutzschild für die Schulen dar, auch gegenüber der Schulaufsicht, von der überwiegend Wohlwollen bis aktive Unterstützung der Reformbemühungen an den Schulen berichtet wurde. Bei fünf Aussprachetagungen referierten Experten zu spezifischen Problemstellungen der Schulentwicklung. Die Teilnehmer hatten dabei auch Gelegenheit, in den verschiedenen Entwicklungsstadien ihre Erfahrungen auszutauschen.

Die wissenschaftliche Begleitung durch das ISB wurde betraut mit den Aufgaben der Evaluation (Erfassung der Veränderung in der Wahrnehmung von Schule bei Lehrern und Schülern), der Begleitung (Organisation von Fortbildungen, Erfahrungsaustausch und Informationsveranstaltungen) und der Beratung (Interpretation der schulbezogenen Auswertungen, Hilfe bei der Konzeption schulinterner Fortbildung) (vgl. HUBER, 1998 a, S. 81). Im Nachgang zu TIMSS wurde zwar an den bayerischen Gymnasien, Realschulen und Hauptschulen flächendeckend ein Mathematiktest durchgeführt (Bay. Kultusministerium: Schreiben vom 25.5.1998). Diese Erhebung war jedoch unabhängig vom Schulversuch „Schule gestalten". Ihre Ergebnisse wurden nicht auf den Schulversuch bezogen.

Im Rahmen des Schulversuches selbst wurden die Fachleistungen der Schüler und ihre mögliche Veränderung nicht erhoben. Über Wirkungen der Schulentwicklungsmaßnahmen auf die Schulleistungen können deshalb keine Aussagen gemacht werden.

Konzeption

„Unmittelbarer Anlass" für den Schulversuch war nach einer Serie von Vorfällen „der Maßnahmenkatalog der Staatsregierung zur Gewaltprävention an den Schulen" (SCHIEßL, 1998, S. 83). Angesichts „zunehmender Orientierungslosigkeit", „wachsender Erziehungsdefizite" und „steigender Aggressionsbereitschaft bei Teilen ihrer Schülerschaft" (SCHIEßL / POPP, 1996, S. 25) wurde als Ziel des Schulversuchs formuliert: „die Sicherung der Qualität von Schule und insbesondere ihrer erzieherischen Wirksamkeit" (SCHIEßL u.a. 1999, S. 9). Der Anlass spielte allerdings bei der Festlegung der Inhalte und im weiteren Fortgang des Schulversuches kaum eine Rolle.

Theoretisch lehnte sich der Schulversuch an die Forschungen zur „Qualität von Schule" an (HESSISCHES LANDESINSTITUT, 1987; FEND 1989), die in Qualitätsfragen die Einzelschule in den Mittelpunkt rückte. Der Schulversuch konzentrierte sich deshalb ganz auf die Einzelschule als Handlungseinheit der *Schulentwicklung*. Konsequent wurde von „innerer Schulentwicklung" gesprochen, bei der sowohl personen- wie organisationsbezogene Innovationsstrategien zum Einsatz kamen. Systemische Schulentwicklungsansätze (vgl. DALIN, 1999, S. 435ff.), die Position und Rolle sowie angewendete Steuerungsmodelle der übergeordneten Hierarchieebenen systematisch in den Prozess einbezogen, waren bei diesem Ansatz ausgeschlossen.

Besonderheit des bayerischen Ansatzes zur Schulentwicklung ist seine inhaltlich offene Konzeption. Von den Schulen wurde nicht die Umsetzung von Experten ausgearbeiteten Konzeptionen erwartet, die sich etwa an den für die Qualitätsverbesserung als wichtig erkannten Faktoren orientierten. Die Schulen erhielten keinerlei inhaltliche Vorgaben, welche Inhaltsbereiche sie im Verlaufe ihres Entwicklungsprozesses zu bearbeiten hätten. Vielmehr wurden die Kollegien ermutigt, sich über die Ziele und Inhalte sowie die Wege ihrer Verwirklichung selbst zu verständigen, denen sie ihre Aktivitäten widmen wollten. Entsprechend breit gestreut waren die Themen und Ansätze, mit denen sich die Schulen beschäftigten: Verbesserung der Kommunikationsprozesse im Kollegium, Erstellung von Schulprogrammen, Durchführung von Elternabenden, Gestaltung des Schulhauses oder des Schulgeländes, handlungsorientierter Unterricht, Projektunterricht, verhaltensauffällige Schüler, Drogenprävention u. a. m. (SCHIEßL u. a., 1999).

Unterstützt wurde die Themenfindung an den Schulen mit einer Eingangsbefragung bei Lehrern und Schülern zu Unterricht, Schulklima und Kooperation. Die schulbezogene Auswertung diente der Analyse der Stärken und Problemfelder einer Schule. Die Einzelauswertungen wurden den Schulen zurückgemeldet und mit den Kollegien diskutiert. Steuernde oder vorschreibende Eingriffe in den Diskussionsprozess der Schulen um die Themenwahl haben dabei nicht stattgefunden.

Mit diesem Vorgehen eines in seinen Inhalten nicht definierten Ansatzes stand der Schulversuch in einer ausgeprägten bayerischen Tradition, denn ihre wissenschaftliche Begleitung früherer Schulversuche beschränkte sich meist auf eine empirische Erfolgskontrolle und überantwortete aus politischen und pragmatischen Gründen den größten Teil der konzeptionellen Arbeit den jeweils teilnehmenden Schulen. Neu und für viele Lehrkräfte gewinnendes Argument im Schulversuch „Schule gestalten“ war, dass sich die Lehrkräfte erstmals unter dem inhaltlich unbestimmten Ziel der Qualitätsverbesserung mit den konkreten Problemen auseinandersetzen konnten, die sich ihnen an ihrer Schule stellten.

Ergebnisse

In der Eingangsbefragung wurden von den Lehrkräften als wichtigste Ziele bzw. Bedingungen einer guten Schule vor allem unmittelbar unterrichtsrelevante Gesichtspunkte genannt, wie überschaubare *Klassengrößen* oder die Erziehung der Schüler zu selbstständigen Arbeitsformen, die nicht oder nur zum Teil in der Handlungskompetenz der Lehrkräfte liegen. Aber auch der Wunsch nach einer engen Kooperation mit den Kollegen wurde geäußert. Ein vielfältiges Schulleben spielte im Vergleich dazu genauso eine untergeordnete Rolle wie die Erprobung neuer Unterrichtmethoden (POPP, 1998, S. 367). Schwerpunkt der Erwartungen der Lehrkräfte lag damit nicht auf der Einführung wünschenswerter Neuerungen an den Schulen, sondern auf Hilfestellungen für die Probleme in ihrem Schulalltag.

Mit Blick auf die realen Verhältnisse an ihren Schulen beurteilten die Lehrkräfte die Zusammenarbeit zwischen den Kollegen bezüglich didaktisch-methodischer Fragen des Unterrichts und eines gemeinsamen Erziehungsstils sowie den Kommunikationsstil in einzelnen Kollegien und den Führungsstil einiger Schulleitungen zurückhaltend (POPP, 1998, S. 367f.). Faktisch beschränkte sich die Kommunikation der Lehrkräfte auf das Lernverhalten der Schüler, Erziehungsprobleme in Einzelfällen oder das Abgleichen von Leistungsanforderungen. Vieles deutete „eher auf ein konfliktfreies, ungestörtes Nebeneinander als auf ein konstruktives, unterstützendes … Miteinander" an den Schulen (HUBER, 1998b, S. 11). Höchste Belastungen gingen vom durch die Stofffülle bedingten Zeitdruck im Unterricht aus und von undiszipliniertem Schülerverhalten. Auch der Umfang der häuslichen Vorbereitungen und die Tatsache, dass Lehrkräften ständig neue Aufgaben übertragen werden, wurden als besonders belastend empfunden (POPP, 1998, S. 368).

Am Ende des Schulversuchs registrierte die wissenschaftliche Begleitung an den Versuchsschulen insgesamt 85 Maßnahmen, von denen „29 schwerpunktmäßig an neuen Unterrichtsformen und -inhalten, 31 an einer Verbesserung der Kommunikations-, Kooperations- und Organisationsstrukturen und fünf an einer Intensivierung externer Kontakte orientiert“ waren (HRUZA-MAYER, 1999, S. 215). Der hohe Anteil an durchgeführten innovativen Unterrichtsprojekten überrascht einerseits, da sie nicht vorrangig im Zielhorizont der Lehrkräfte lagen. Andererseits boten die unterrichtsbezogenen Projekte den Vorteil, dass sie von einigen pädagogisch engagierten Lehrkräften getragen und durchgeführt werden konnten und nur die Duldung, nicht das Engagement des gesamten Kollegiums erforderten. Die Schulleitungen spielten bei der Themenwahl eine zentrale Rolle.

Die Prozessbegleitung und die Auswertung der Abschlussberichte der Versuchsschulen lieferten für die Lehrkräfte folgende Ergebnisse (HRUZA-MAYER, 1999, S. 215):

- Trotz zum Teil erheblicher Mehrarbeit wurde bei den Lehrkräften eine Zunahme von Motivation, Engagement und subjektiver Berufszufriedenheit festgestellt.
- Erfolgreich erwiesen sich vor allem jene Projekte, die auf eine Verbesserung der schulinternen Kommunikation und Kooperation zielten und die zu einer Stärkung des „Wir-Gefühls“ führten.
- Durch die Intensivierung der Zusammenarbeit erhöhte sich die Innovationsbereitschaft in den Kollegien, insbesondere im Bereich der Unterrichtsgestaltung.
- Die Grundlagen der eigenen Professionalität und übergeordneter pädagogischen Ziele wurden reflektiert und damit das Verständnis des Lehrerberufes insgesamt facettenreicher.
- „Vor allem aber hat sich bei einer Reihe von Lehrkräften der grundlegende Blickwinkel entscheidend gewandelt. Sie denken nicht mehr nur in den Kategorien ‘Ich, mein Unterricht, meine Klasse’, sondern auch an die Schule als Ganzes“ (ebd.).

Zum Abschluss des Schulversuchs wurden mit dem gleichen empirischen Instrumentarium wie zu Beginn die Lehrkräfte und Schüler nochmals befragt, um die Veränderungen festzustellen, die auf die Schulentwicklungsprojekte zurückgeführt werden konnten. Diese Evaluation wurde bisher erst in Auszügen veröffentlicht. Die o. g. Prozessbeobachtungen werden darin bestätigt. Ergänzend wird für die Lehrkräfte festgehalten (HUBER, 1999, S. 423f.):

- Durch die praktizierte Kooperation und Teamarbeit ist die subjektiv empfundene Belastung der Lehrkräfte zurückgegangen.
- Das Verhältnis zwischen Kollegien und Schulleitung hat sich entspannt. Die Kollegien berichteten, dass sie mehr pädagogische Anregungen von den Schulleitungen erhalten haben und gleichzeitig ihre pädagogische Selbstständigkeit mehr respektiert wurde.

Die Schüler bemerkten vor allem Veränderungen im Unterricht in Form von häufiger praktizierter Gruppen- und Projektarbeit. Eine veränderte Wahrnehmung des Schullebens konnte bei ihnen nicht festgestellt werden, was auch als Hinweis darauf gewertet werden kann, dass die verbesserten Kommunikationsbeziehungen in den Kollegien nicht die von den Schülern wahrnehmbare Schulkultur erreicht hatte. Die Schüler zeigten sich aber insgesamt am Ende des Schulversuchs mit ihrer Schule zufriedener als zuvor.

Der Schulversuch „Schule gestalten“ wurde sowohl von den beteiligten Schulen als auch von der wissenschaftlichen Begleitung als voller Erfolg eingestuft. Die meisten Versuchsschulen gaben zum offiziellen Abschluss des Schulversuches bekannt, dass für sie die Schulentwicklung nicht abgeschlossen sei und an den begonnenen Schulentwicklungsprojekten weitergearbeitet werde. Eine Reihe von Versuchsschulen erklärte sich zu einem direkten Erfahrungsaustausch mit anderen interessierten Schulen bereit.

Die Initiative „Schulinnovation 2000“

Ein personeller Wechsel an der Spitze des Kultusministeriums im September 1998 mag dazu beigetragen haben, dass die Ergebnisse des Schulversuches aufgegriffen wurden und seither „Schulentwicklung“ auf der Tagesordnung bayerischer Schulpolitik steht.

Ziele der Schulentwicklung

In ihrer Regierungserklärung vom 11.2.1999 bezeichnet die Kultusministerin die innere Schulreform „als zentralen Bestandteil“ ihrer Politik. Als wesentliche Zielsetzungen formulierte sie:

- „eine verbesserte Unterrichtsqualität,
- die Steigerung von Motivation und Kompetenz der Lehrkräfte,
- eine verstärkte Einbindung der Elternverantwortung in die Schule,
- eine größere Selbstverantwortung der Schüler bei der Gestaltung ihrer Schule,
- mehr Möglichkeiten für die einzelne Schule ihr eigenes Profil herauszubilden,
- die Weiterentwicklung der Schule als Lebensraum und ihre Einbindung in das örtliche Gemeindeleben.“ (HOHLMEIER, 1999a, S. 5).

Seither ist die innere Schulreform ein beständiger Programmpunkt in vielen ihrer Reden, Interviews und Statements.

Im April 2000 veranstaltete das Kultusministerium einen zweitägigen Schulkongress unter dem Titel „Schulinnovation 2000“. 80 Schulen aller Schularten durften ihre Schulprojekte aus den verschiedenen Bereichen der Schulentwicklung in einer Art Leistungsschau bayerischer Spitzeninnovation präsentieren. ISB, zentrale Lehrerfortbildung und Schulberatung präsentierten ihre Projekte und Unterstützungsangebote.

Einige im Umfeld der Universitäten und z. T. mit Unterstützung reformpädagogisch orientierter Vereine entstandene Netzwerke durften ihre programmatischen Plattformen darstellen. Im Herbst 2000 wird der Kongress mit regionalen Veranstaltungen in den sieben bayerischen Bezirken fortgesetzt.

In einer programmatischen Eröffnungsrede verdichtete die Ministerin ihre Absichten auf zwei Kernziele der Schulentwicklung (HOHLMEIER, 2000):

Erstens: Verbesserung der Erziehungsarbeit an den Schulen durch Schaffung eines individuellen Schulprofils, dem im Idealfall ein von Lehrern und Eltern gemeinsam erarbeiteter pädagogischer Konsens über die Erziehungsziele zugrunde liegt, der in einem Schulprogramm schriftlich fixiert ist. Außerdem müsse den Schülern mehr Mitverantwortung im Schulleben übertragen werden. Insgesamt müsse durch die Zusammenarbeit die Identifikation aller Beteiligten mit „ihrer" Schule gestärkt werden.

Zweitens: Steigerung der schulischen Leistungen einschließlich der kognitiv-operationalen und sozialen Kompetenzen durch effektiveres, nachhaltiges und vernetztes Lernen. „Wesentlicher Dreh- und Angelpunkt ... sind Sicherung und Steigerung der Unterrichtsqualität" (HOHLMEIER, 2000, S. 4). Außerdem müsse das schulische Umfeld stärker in den Unterricht einbezogen werden.

Diese umfassenden Zielformulierungen fordern sowohl eine Organisationsentwicklung in den Schulen wie eine Weiterentwicklung des Unterrichts und entwerfen das Bild einer von Mitwirkung und Teilhabe aller Beteiligten geprägten Schule. Sie machen gleichzeitig deutlich, dass die Lösung der gegenwärtigen Probleme der Schule von den einzelnen Schulen geleistet werden muss und nicht mehr von der Politik erwartet werden darf. Entsprechend umfangreich fallen die Erwartungen an die Schulen aus.

Erwartungen und Anforderungen an die Schulen

Schulen sollen ihre allgemeine *Qualität der Schule* verbessern durch:

- verstärkte Zusammenarbeit der Kollegien, insbesondere in pädagogischen und erzieherischen Fragen, nötigenfalls auch unter Nutzung von Supervision,
- mehr Verantwortung der Schüler für das Schulleben durch Schaffung von eigenverantwortlichen Tätigkeitsfeldern durch z.B. Schülerzeitung, Internet-Cafes, Tutorengruppen,
- Schaffung einer konstruktiven Gesprächskultur und Kooperation zwischen Lehrkräften und Eltern durch z.B. Elternabende, Unterrichtshospitation, Stärkung des Schulforums,
- bessere Zusammenarbeit mit den Institutionen der Jugendhilfe bei der Unterrichts- und Erziehungsarbeit der Schule,
- bessere Nutzung der außerschulischen, insbesondere auch der finanziellen Ressourcen durch Einbeziehung der Kommunen und der örtlichen Wirtschaft.

Bezüglich der Verbesserung der Unterrichtsqualität werden erwartet:

- verstärkte unterrichtsbezogene Kooperation in den Kollegien durch Bildung von Fach- und Arbeitsgruppen,
- Einführung neuer Formen des schüleraktivierenden Unterrichts wie Lernen im Team, selbstgesteuertes Lernen, Projektarbeit,
- kritische Überprüfung der bestehenden und Einführung neuer Formen der Leistungsbeurteilung, die den neuen Unterrichtsmethoden angemessen sind,
- Öffnung des Unterrichts durch umfeldbezogene Projekte und Einbeziehung von externen Fachkräften in den Unterricht,

- interne Evaluation in regelmäßigen Abständen zur Feststellung des IST-Zustandes der Schule und als Planungsgrundlage für die weitere Entwicklungsarbeit.

Was als Initiativen in einzelnen Bereichen und in verschiedenen Schulen begann, kommt hier zusammengefasst als Erwartungen auf alle Schulen zu. Tatsächlich werden auch Probleme benannt, die nicht nur an der einen oder anderen Schule als mehr oder weniger dringliches Problem zur Lösung anstehen, sondern die als strukturelle Probleme des Schulsystems jetzt von den einzelnen Schulen gelöst werden sollen. Die Verschiebung der Problemlösungsinstanz von den Entscheidungsträgern des Systems auf die hierarchisch unterste Handlungsebene führt aufgrund ihrer Vielfalt, Komplexität und Dringlichkeit zwangsläufig zu einer nicht bewältigbaren Aufgabenfülle, die Gefahr läuft das Gegenteil der ursprünglichen Absicht zu bewirken: Desorientierung und Resignation und damit Stillstand.

Freiwilligkeit und inhaltliche Unbestimmtheit der Schulentwicklung

Um Überforderung zu vermeiden, setzt die Ministerin in ihren öffentlichen Äußerungen ganz auf eine Schulentwicklung von „unten“. „Schulentwicklung erhält ihre Dynamik aus den Schulen selbst. Sie kann nicht vom Staat per Dekret angeordnet werden nach dem Motto: ‘So jetzt entwickelt euch!’ Eigeninitiative an den Schulen ist gefragt“ (HOHLMEIER, 2000, S. 2). Schulentwicklung ist danach nicht nur auf das Engagement der Lehrkräfte angewiesen, sondern die Entscheidung, ob und welchem Bereich eine Schule den Prozess einer inneren Schulreform startet oder nicht, bleibt ihr überlassen. Damit bleibt das Konzept bayerischer Schulentwicklung inhaltlich unbestimmt. Zunächst scheint Schulentwicklung eine freiwillige Angelegenheit der Schulen zu sein: Es scheint alles erlaubt und alles möglich.

Ein solcher inhaltsoffener und freiwilliger Ansatz von Schulentwicklung geht von einer Reihe Annahmen aus, die erfüllt sein müssen, um zu einer erfolgreichen Schulentwicklung zu kommen:

- Es gibt an den Schulen Probleme bzw. Entwicklungsfelder, die trotz hoher Regelungsdichte in der subjektiv wahrgenommenen Handlungskompetenz der Lehrkräfte liegen und von diesen gestaltet werden können.
- An den Schulen finden sich Lehrkräfte, die für Neuerungen aufgeschlossen sind und die nicht durch andere Umstände (z. B. Arbeitsbelastung, Gegnerschaft im Kollegium oder Misstrauen von Schulleitung oder Schulaufsicht) in ihrem Veränderungswillen gebremst werden.
- Der Diskussionsprozess in den Kollegien selbst ist nicht nur notwendiger Bestandteil der Schulentwicklung, sondern trägt als solcher bereits zu einer Qualitätsverbesserung an den Schulen bei.
- Dazu muss unterstellt werden, dass er konsensorientiert und konstruktiv geführt werden kann und nicht in Selbstbespiegelung oder gegenseitiger Blockade endet, sondern zu konkreten Maßnahmen führt.
- Angenommen werden muss auch, dass die durchgeführten Maßnahmen in der einen oder anderen Form tatsächlich zu einer gewünschten Verbesserung der Schule und/oder der Schülerkompetenzen beitragen.
- Nicht zuletzt müssen diese Verbesserung mit objektiven Methoden feststellbar ggf. messbar sein, um als Erfolgsnachweis dokumentiert werden zu können.

Nicht alle diese Bedingungen sind an den Schulen erfüllt oder erfüllbar. Kompetenzunterstützung, motivierende Maßnahmen und förderliche Rahmenbedingungen bleiben die Mechanismen, mit denen eine offene Implementation von Schulentwicklung voran gebracht werden kann.

Flankierende Maßnahmen des Ministeriums

Zur Unterstützung der Schulentwicklung an den Schulen sieht das Ministerium eine Reihe von flankierenden Maßnahmen vor:

- Projektgruppe: Eine Projektgruppe am Ministerium hat den Auftrag, die Eckpunkte bayerischer Schulentwicklung zu erarbeiten. In sechs Untergruppen wurde ein Leitfaden für Schulentwicklung erstellt zu den Themen: neue Unterrichtsmethoden, Erstellung eines Schulprofils und seine Evaluation, Förderung von Kompetenz und Motivation der Lehrkräfte, erweiterte Partizipation der Eltern, Mitwirkung und Mitverantwortung der Schüler sowie Öffnung der Schule für ihr lokales Umfeld. Die Arbeitsergebnisse liegen im September 2000 noch nicht veröffentlicht vor.

- Koordination: Nach Abschluss des Schulversuchs „Schule gestalten“ wurde am Ministerium eine Referentenstelle für Schulentwicklung eingerichtet. Bei den Bezirksregierungen bzw. den Ministerialbeauftragten sollen Beauftragte für Schulentwicklung bestellt werden, mit dem Auftrag die Schulentwicklung zu koordinieren und zu unterstützen, regionale Treffen der Schulen zu organisieren, Materialien bereitzustellen und Referenten für schulinterne Fortbildungen zu vermitteln.

- Entwicklung empirischer Instrumente: Neben der Durchführung von Schulversuchen zu speziellen Fragestellungen der Schulentwicklung hat das Staatsinstitut den Auftrag erhalten, die Erhebungsinstrumente des Schulversuchs für die interne Evaluation weiter zu entwickeln, vor allem auch im Hinblick auf ihre Verwendung bei Eltern.

- Lehrerausbildung: Die Universitäten sind aufgefordert, ihre Lehrerbildung im Hinblick auf die für Schulentwicklung notwendigen Kompetenzen zu überprüfen. Für das Referendariat gibt es noch keine entsprechende Aufforderung.

- Lehrerfortbildung: zentrale und regionale Lehrerfortbildung haben zwischenzeitlich Schulentwicklungsthemen in ihre Angebote aufgenommen. Alle bereits tätigen Schulleiter erhalten eine entsprechende Fortbildung. Nachrückendes Schulleitungspersonal wird in die Methoden des Schulmanagements eingeführt. Es können Referenten auch angefragt werden, die in schulinternen Fortbildungen moderierend oder beratend, schulend oder trainierend tätig werden. Die nachfrageorientierte schulinterne Fortbildung soll stark ausgebaut werden.
- Mittelbeschaffung: Die Ministerin hat sich bereit erklärt, bei der bayerischen Wirtschaft zusätzliche Mittel für die Schulentwicklung einzuwerben. Ziel ist es, jede aktive Schule mit 2.000 DM zusätzlich auszustatten.
- Schulbezogene Anreizsysteme: Ab Schuljahr 1999/2000 wurde den staatlichen Gymnasien mit besonderen Aktivitäten ein bis zu 12 Stunden verbessertes Lehrerbudget in Aussicht gestellt. Für 298 staatliche Gymnasien sollen insgesamt 500 Lehrerstunden bereitgehalten werden (HOHLMEIER, 1999b, S. 14f.)
- Lehrerbezogene Anreizsysteme: Im Rahmen der Überarbeitung der dienstlichen Beurteilung wurde zur Anerkennung besonderer Leistungen die Möglichkeit geschaffen, einzelnen Lehrkräften zeitlich befristete Leistungszulagen zu gewähren.

Die vom Ministerium eingeleiteten Maßnahmen zur Institutionalisierung der Schulentwicklung lassen erkennen, dass Schulentwicklung längerfristig angelegt werden soll. Freiwilligkeit der Inanspruchnahme dominiert die Kompetenzförderung, mit Ausnahme der Maßnahmen für die Schulleitungen. Ob die vorgesehenen Anreizsysteme die motivierende Kraft entfalten, um Schulentwicklung in Gang zu setzen, darf bezweifelt werden. Angemessene Rahmenbedingungen, die den erforderlichen Zeit- und Arbeitsaufwand berücksichtigen, sind in den Maßnahmen nicht enthalten. Schulentwicklung droht so zur reinen Zusatzarbeit und damit vornehmlich zur Angelegenheit pädagogischer Idealisten zu werden.

Gerne wird betont, dass die bereits aktiven Schulen „Vorbild" für die anderen Schulen sein sollen. Vorbildfunktionen können aber diese Schulen nicht von sich aus übernehmen. Sie können auch nicht von Dritten zugesprochen werden. Schulen werden von anderen Schulen zu Vorbildern gemacht, indem sie sich diese als Vorbild wählen. Freiwilligkeit ist deshalb nur eine bedingt taugliche Strategie, um Innovationsprozesse an allen Schulen auszulösen. Die Qualifizierung der Ziele und Erwartungen an die Schulen als „Selbstverpflichtung" deutet an, dass aber nicht alleine auf die „reine" Freiwilligkeit gesetzt werden soll. Mit dem Gewicht der Äußerungen der politischen Spitze wird ein „pädagogisch-moralischer Druck" auf die einzelnen Schulen aufgebaut, in die gewünschte Richtung tätig zu werden. Dass das Ministerium auch diesem Mechanismus nicht voll vertraut, wird deutlich an den strukturellen Maßnahmen, die verpflichtend für alle Schulen angekündigt sind bzw. bereits erprobt werden.

Verpflichtende Maßnahmen zur Schulentwicklung

Für alle bayerischen Schulen sind obligatorisch vorgesehen:

- Die Einführung „klar definierter Standards einer kontinuierlichen Qualitätssicherung (TQM)", wird in den „12 Augsburger Thesen zur inneren Schulentwicklung" angekündigt (BAY. KULTUSMINISTERIUM, 2000, S. 7).
- Eine externe Evaluation des Unterrichts soll mit Hilfe der zentralen Abschlussprüfungen und flächendeckender Tests in den Hauptfächern (incl. der überfachlichen Leistungen) in allen Schularten und allen Jahrgangsstufen durchgeführt werden (HOHLMEIER, 1999b, S. 14).
- Eine Mitwirkung der Schulen bei der Auswahl der Lehrkräfte wird in den Berufsschulen ab dem Schuljahr 2000/01 erprobt und soll auf alle Schularten ausgeweitet werden.

- Eine Budgetierung der Lehrerstundenzuweisung wurde für alle Jahrgangsstufen an den Gymnasien ab Schuljahr 2000/01 eingeführt, die eine Umstellung von der bisherigen Klassen- bzw. Kursbasis auf die Schülerzahl zum Inhalt hat.
- Eine Neudefinition der Rolle der Schulaufsicht ist angekündigt, die zukünftig sowohl die Qualitätsüberprüfungen als auch die Prozessberatung der Schulen vorzunehmen hat.
- Eine stärkere Flexibilisierung bei der Gestaltung der Stundentafeln ist angekündigt, die möglicherweise erreicht werden soll, indem drei Wochenstunden von fachlichem Unterricht freigehalten werden sollen.

Die angezielten strukturellen Maßnahmen zeigen, dass nicht nur die Entscheidungsspielräume der Schulen erweitert, sondern dass die Aktivitäten der Schulen auf effektives Schulmanagement und auf die Verbesserung der Schülerleistungen gelenkt werden sollen. Die Übertragung privatwirtschaftlicher Organisationskonzepte auf die Schule legen den Verdacht nahe, dass die beabsichtigte Organisationsentwicklung vornehmlich Effizienzkriterien folgen soll und nicht der Gestaltung eines demokratischen Schullebens. Die Evaluationsergebnisse sollen nach den Äußerungen der Kultusministerin nicht für ein öffentliches „ranking" von Schulen benutzt und die Schulen nicht in eine Konkurrenzsituation getrieben werden (HOHLMEIER, 1999b, S. 10). Allerdings ist ein Vergleich der Münchner Gymnasien nach verschiedenen Leistungsmerkmalen bereits im Internet einsehbar. Abgesehen von der Gefahr, dass sich die Kriterien der externen Evaluation zu den heimlichen Zielen der inneren Schulreform entwickeln, führt sie nicht automatisch zur gewünschten Schulentwicklung. Dies setzt das Vertrauen der Schulen voraus, das nur durch Beteiligung und für sie verwertbare Ergebnisse erreicht werden kann (DALIN, 1999, S. 467ff.). Können die Ergebnisse nicht in Schulentwicklung umgesetzt werden, verstärkt die externe Evaluierung lediglich den Leistungsdruck auf die Schüler/-innen und auf die Schulen. Die vorgesehene zentral gesteuerte externe Evaluation löste bisher die heftigsten Widerstände bei der Lehrerschaft aus.

Erstmals werden auch Rolle und Ablauforganisation der Schulverwaltung mit in die Überlegungen zur Schulentwicklung einbezogen. Schulentwicklung greift damit über die Einzelschule hinaus und nimmt systemische Dimensionen an. Aus der Sicht der Schulen ist aber zweifelhaft, ob Kontroll- und Beratungsfunktionen in der Hand einer vorgesetzten Ebene gemeinsam ausgeübt und fruchtbringend für die Schulentwicklung eingesetzt werden können. Die Budgetierung der Lehrerzuweisung ist bereits in den Verdacht geraten, lediglich eine Sparmaßnahme zu sein, denn es wird von Gymnasien berichtet, an denen der Wahlunterricht empfindlich gestrichen werden musste (BAY. PHILOLOGENVERBAND, 2000, S. 6f.). Außerdem wird das angedachte Modell der Flexibilisierung der Stundentafeln auf den erbitterten Widerstand der Fachdisziplinen stoßen, deren Unterrichtsanteil gekürzt werden soll.

Die vorgesehenen obligatorischen Maßnahmen zur Schulentwicklung bringen zum gegenwärtigen Zeitpunkt mehr Probleme als Lösungen. Insbesondere stehen sie im krassen Gegensatz zu einer freiwilligen Schulentwicklungsstrategie, die ganz auf Motivation und Engagement der Lehrkräfte setzt.

Zusammenfassende Bewertung

Der Schulentwicklungskongress in Augsburg wurde mit dem Untertitel „Schulen auf dem Weg“ veranstaltet. Für die ausstellenden Schulen trifft dies zu und für die weiteren 260 Schulen, die sich angemeldet hatten vermutlich auch. Nicht zutreffend ist dies für die bayerischen Schulen insgesamt. Zweck des Kongresses war es ja gerade u.a., durch die ausgestellten „Vorbilder“ an anderen Schulen Schulentwicklungsprozesse auszulösen. Die Schulentwicklung in Bayern hat mit 10 Jahren Verspätung eingesetzt und steht im Jahr 2000 noch vor dem

Anfang. Dies zeigen auch der hohe Anteil von bisher lediglich angekündigten oder in Erprobung befindlichen Maßnahmen, die konzeptionelle Unklarheit und die Vielzahl der offenen Fragen. Bisher trägt die Schulentwicklung eher den Charakter eines offenen Experimentierfeldes denn den eines Konzepts mit klaren Inhalten und klarer Strategie.

Bayerische Schulentwicklung verfolgt einen maximalistischen Ansatz. Sie will eine effizientere Schulorganisation, bessere Schülerleistungen und eine höhere erzieherische Wirksamkeit. Sie lässt sich dabei nicht auf die Diskussion ein, wo Schulentwicklung vorrangig anzusetzen habe: beim Unterricht und damit bei der Kompetenz der einzelnen Lehrkraft (z. B. KLIPPERT, 1999) oder bei der pädagogischen Organisation einer Schule und damit ihrem pädagogischen Profil (z. B. ROLFF, 1998). Im Kontext der Organisationsentwicklung wird zwar das Bild einer demokratischen Schule ins Spiel gebracht. Tatsächlich wird dieses Modell jedoch nicht als Eigenwert von Schule vorgestellt, sondern funktional für die Effizienzsteigerung der Organisation gedacht. So wurde die notwendige Überarbeitung der gesetzlich sehr genau festgelegten Mitwirkungsmöglichkeiten von Schülern, Eltern und Schulträgern durch den Gesetzgeber noch nie erwähnt.

Im Gesamtpaket der freiwilligen und obligatorischen Maßnahmen zur Schulentwicklung ist die klassische Strategie von „Zuckerbrot und Peitsche“ erkennbar. Freilich kann diese Strategie nicht als hinreichend balanciert gelten, weil absehbar ist, dass die verpflichtenden Maßnahmen die erhofften Wirkungen der freiwilligen Maßnahmen eher blockieren als fördern. Die Schulen werden sich letztlich an messbaren Schülerleistungssteigerungen und organisatorischen Effizienzkriterien bewähren müssen. Ungeklärt ist bisher auch, ob und wie mit dieser Doppelstrategie der angestrebte „Mentalitätswechsel“ vom Selbstverständnis des „Lehrers als Einzelkämpfer“ zum „Lehrer als Teamarbeiter“ bewirkt werden kann.

Freiwilligkeit in der Schulentwicklung setzt auf die Motivation und das Engagement der Lehrkräfte. Diese wiederum hängen unmittelbar mit zufrieden stellenden Arbeitsbedingungen, Handlungsoptionen und Zukunftsperspektiven am Arbeitsplatz zusammen.

Hingegen ist auch in Bayern Tatsache, dass die Lehrerschaft in den letzten zehn Jahren empfindliche Verschlechterungen ihrer Arbeitsbedingung mit Arbeitszeitverlängerung und zusätzlichem Arbeitszeitkonto, steigenden Klassengrößen, Abbau von Altersermäßigungen und Anrechnungsstunden, anschwellenden Lehrplänen und schwieriger werdenden Schülern hinnehmen mussten. Schulentwicklung wird deshalb von vielen Lehrkräften eher als weitere Zusatzaufgabe wahrgenommen denn als eine Ausweitung ihrer Handlungs- und Gestaltungsmöglichkeiten. Verschlechterte Arbeitsbedingungen können nicht durch Schulentwicklung kompensiert werden, sondern umgekehrt: Erfolgreiche Schulentwicklung benötigt dafür förderliche Arbeitsbedingungen. Eine konzeptionelle Schwäche des bayerischen Ansatzes zur Schulentwicklung ist darin zu sehen, dass vor allem Anforderung an die Schulen formuliert werden, die sich überwiegend von Effizienzkriterien herleiten, während die aktuelle Arbeitsplatzsituation der Lehrkräfte als eine wesentliche Bedingung von Veränderung nicht systematisch reflektiert und in das Konzept aufgenommen wird.

Hinzu kommt, dass in Bayern mit der Ausweitung der Realschule auf sechs Jahre eine Veränderung der Struktur des Bildungswesens gegen den Willen der Mehrheit der Lehrerschaft durchgesetzt wurde, die im Unterricht der Grundschule zu weiteren Erschwernissen und zu umfangreichen Schießungen von Hauptschulen vor allem in ländlichen Regionen führt. Schulstrukturreform und innere Schulreform konterkarieren sich in vielen Bereichen statt sich gegenseitig zu stützen. Es fehlt ein Gesamtkonzept bayerischer Schul- und Bildungspolitik, in dem Strukturmaßnahmen und innere Schulentwicklung aufeinander abstimmt sind.

Zusammengenommen sind dies äußerst ungünstige Voraussetzungen, um Innovationsbereitschaft und zusätzliche Aktivität bei den Lehrkräften und Schulleitungen freizusetzen. Das Ministerium zeigt sich dabei mit der Schaffung von förderlichen Arbeitsbedingungen für Schulentwicklung äußerst zurückhaltend. Die Lehrerschaft machte beim Augsburger Innovationskongress dementsprechend darauf aufmerksam: „Schulentwicklung gibt es nicht umsonst!"

Die Erfolgsaussichten einer flächendeckenden und nachhaltigen Schulentwicklung in Bayern müssen im Jahr 2000 auf der Basis der vorliegenden Ansätze skeptisch beurteilt werden. Immerhin aber hat dieser Impuls eine längere Phase bildungspolitischer Stagnation beendet und für immer schon vorhandene reformpädagogisch engagierte einzelne Schulkollegien eine offizielle Anerkennung und eine Vergrößerung ihrer Handlungsspielräume gebracht.

Literatur

BAYERISCHER PHILOLOGENVERBAND: Vorfahrt für die Unterrichts- und Lehrerversorgung an Gymnasien! In: Ders. (Hrsg.): Das bayerische Gymnasium, Heft 7, 2000, S. 6ff.

BAYERISCHES STAATSMINISTERIUM FÜR UNTERRICHT, KULTUS, WISSENSCHAFT UND KUNST: Schreiben vom 25.5.1998, Nr. VI/7-S 5402/9-8/71531.

BAYERISCHES STAATSMINISTERIUM FÜR UNTERRICHT, KULTUS, WISSENSCHAFT UND KUNST: Die 12 Augsburger Thesen zur inneren Schulentwicklung, in: Dass. (Hrsg.) Schulreport, Heft 2, 2000, S. 7.

DALIN, P.: Theorie und Praxis der Schulentwicklung, Neuwied 1999.

FEND, H.: Was ist eine 'gute' Schule? In: Tillmann, K.-J. (Hrsg.): Was ist eine gute Schule? Hamburg 1989, S. 14ff.

HEIMERER, L. / SCHELTEN, A. / SCHIEßL, O. (Hrsg.): Abschlussbericht zum Modellversuch „Fächerübergreifenden Unterricht in der Berufsschule", Arbeitsbericht Nr. 274, München 1996.

HOHLMEIER, M.: Regierungserklärung vom 11.2.1999, Redemanuskript (1999a).

HOHLMEIER, M.: Statement im Münchner Presseclub am 18. 6. 1999, Redemanuskript (1999b).

HOHLMEIER, M.: Rede anlässlich der Eröffnung des Kongresses „Schulinnovation 2000 – Schulen auf dem Weg“ am 11. 4. 2000 in Augsburg, Redemanuskript.

HRUZA-MAYER, A.: „Schule gestalten“ Wege der Schulentwicklung in Bayern, in: Schulverwaltung Ausg. By, Heft 6, 1999, S. 214ff.

HUBER, F.: „Schule gestalten“ – ein Schulversuch in Bayern, in: Pädagogische Führung, Heft 2, 1998a, S. 80ff.

HUBER, F.: Ergebnisse aus der Lehrerbefragung zum Schulversuch „Schule gestalten“, in: Schulreport, Heft 4/5, 1998b, S. 11ff.

HUBER, F.: Ausgewählte Ergebnisse aus den Befragungen zum Schulversuch „Schule gestalten“, in: Schulverwaltung, Ausg. By, Heft 12, 1999, S. 422ff.

KLIPPERT, H.: Für die Zukunft lernen, Vortrag am 11.2.1999 in Augsburg.

POPP, S.: Bedingungen kollegialer Kooperation in der Schule; in: Dies. (Hrsg.): Grundrisse einer humanen Schule, Innsbruck 1998, S. 357ff.

ROLFF, H.-G.: Entwicklung von Einzelschulen, in: Ders. u.a. (Hrsg.): Jahrbuch der Schulentwicklung, Band 10, Weinheim und München, 1998, S. 295ff.

SCHIEßL, O. u.a.: Unterricht für Blinde und Schwerhörige, München 1988.

SCHIEßL, O. / POPP, S.: In pädagogischer Eigenverantwortung „Schule gestalten“, in: Schulreport, Heft 1, 1996, S. 25f.

SCHIEßL, O.: „Schule gestalten“, in: Schulverwaltung, Ausg. By, Heft 3, 1998, S. 83ff.

SCHIEßL, O. / HUBER, F. / HRUZA-MAYER, A.: Schule gestalten. Wege pädagogischer Schulentwicklung, Donauwörth 1999.

HANS-PETER FÜSSEL

Einzelschule, Schulgesetzgebung und Schulaufsicht[1]

Unter den Juristen gibt es ein herkömmliches Verständnis vom Begriff der *Schulaufsicht*. Diese Auffassung hat zugleich eine verfassungsrechtliche Dimension, denn nach Artikel 7 Absatz 1 des Grundgesetzes – und ihm nachfolgend einer Vielzahl von Landesverfassungen[2] – „(steht) das gesamte Schulwesen ... unter der Aufsicht des Staates".

Ganz überwiegend folgen bei der näheren Inhaltsbestimmung dieser Klausel die Rechtsprechung und auch die juristische Literatur einer Formel, die im Jahre 1957 beim Bundesverwaltungsgericht Verwendung gefunden hat[3] und auf die seitdem immer wieder Bezug genommen wird; danach ist der Begriff Schulaufsicht zu verstehen als der „Inbegriff der staatlichen Herrschaftsrechte über die Schule, die Gesamtheit der staatlichen Befugnisse zur Organisation, Planung, Leitung und Beaufsichtigung des Schulwesens". Das Bundesverfassungsgericht hat sich auch seinerseits auf diese Formel bezogen[4] und den Befugniskatalog noch um ein Ziel von Schulaufsicht ergänzt, dass nämlich den Staat die Verpflichtung trifft, „ein Schulsystem zu gewährleisten, das allen jungen Bürgern ge-

[1] Leicht veränderte Fassung eines Referats bei der Tagung „Schulaufsicht im Umbruch?" der Kommission Bildungsorganisation, Bildungsplanung, Bildungsrecht der Deutschen Gesellschaft für Erziehungswissenschaft am 21./22. März 2000 in Kassel.

[2] Etwa Art. 130 Abs. 1 der Bayerischen Verfassung, Art. 30 Abs. 2 Satz 1 der Brandenburgischen Verfassung, Art. 4 Abs. 2 Satz 2 der Niedersächsischen Verfassung, Art. 27 Abs. 3 Satz 1 der Rheinland-Pfälzischen Verfassung.

[3] BVerwGE 6, 101, 104; vgl. in diesem Sinne auch schon Anschütz, Die Verfassung des Deutschen Reiches, 14. Aufl. (1933), S. 672.

[4] BVerfGE 47, 46, 80.

mäß ihren Fähigkeiten die dem heutigen gesellschaftlichen Leben entsprechenden Bildungsmöglichkeiten eröffnet"[5]. Dabei hat der Staat „auf der Grundlage der Bildungsforschung bildungspolitische Entscheidungen zu treffen und im Rahmen seiner finanziellen und organisatorischen Möglichkeiten ein Bildungssystem bereitzustellen, das den verschiedenen Begabungsrichtungen Raum zur Entfaltung lässt, sich aber von jeder Bewirtschaftung des Begabungspotenzials freihält"[6].

Des Weiteren enthält der Begriff der Schulaufsicht in Artikel 7 Absatz 1 des Grundgesetzes nach der Auffassung des Bundesverfassungsgerichts nicht nur ein Recht des Staates, in den staatlichen Schulen „Wissensstoff zu vermitteln"[7], sondern auch ein Recht des Staates zur Erziehung der jungen Bürger und Bürgerinnen, orientiert an vom Staat gesetzten eigenen Erziehungszielen[8].

Wenn die Ausübung von „Schulaufsicht" dem Staat übertragen ist, dann ist damit nicht geklärt, wem innerhalb der verschiedenen staatlichen Instanzen diese Kompetenz zukommt. Nachdem unbestritten ist, dass Fragen des Bildungswesens nach dem Grundgesetz zum „Kernbereich" der Kompetenzen der Bundesländer zählen[9], und nachdem unter Bezugnahme auf die Verfassungsprinzipien von Demokratie und Rechtsstaatlichkeit inzwischen hinreichend geklärt ist, dass die „wesentlichen" Entscheidungen im Bildungswesen vom jeweiligen (Landes-) Gesetzgeber durch Gesetze entschieden werden müssen[10], wird deutlich, dass in einem funktionalen Sinne Schulaufsicht eine Vielzahl von *Kompetenzen* umfasst, zugleich aber auch eine Vielzahl von Instanzen: neben dem Gesetzgeber als dem Verantwortlichen für die Leitentscheidun-

[5] BVerfGE 34, 165, 182; 53, 185, 196.
[6] BVerfGE 34, 165, 184.
[7] BVerfGE 47, 46, 72.
[8] BVerfGE 41, 29, 44; auch BVerfGE 47, 46, 72; 52, 223, 236.
[9] BVerfGE 6, 309, 346f.
[10] BVerfGE 34, 165, 193; 88, 103, 116; 95, 267, 307.

gen, auch die Abgrenzung der Sphären von staatlichen Befugnissen und den grundrechtlich geschützten Freiräumen von Schülerinnen und Schülern sowie ihren Eltern[11] ist die der Exekutive zugerechnete Schulverwaltung ebenso mit erfasst, in der Regel hierarchisch gegliedert in die obere (oder oberste) Schulaufsichtsbehörde[12], in einigen Bundesländern mittlere Schulaufsichtsbehörden[13] und schließlich die unteren Schulaufsichtsbehörden[14].

Staatliche Kompetenzen in Bezug auf die Schule

Ein derart umfassendes Verständnis der Verfassungsklausel ist mit „Herrschaftsrechten über die Schule" sicherlich zutreffend beschrieben[15]; ohne vollständig sein zu wollen, ließe sich etwa der folgende Katalog staatlicher Kompetenzen aufstellen:

Im Bereich der *Schulorganisation*

- Fragen der Gliederung des Schulwesens unter Einschluss der Bestimmungen über Schularten und Bildungsgänge,
- Regelungen über Dauer und Inhalt der Schulpflicht, über Aufnahme und Zuweisung von Schülerinnen und Schülern,
- Bestimmungen über Errichtung, Zusammenlegung und Auflösung von Schulen,

---

[11] Die Geltung der Grundrechte als „unmmittelbar" (vgl. Artikel 1 Absatz 3 des Grundgesetzes) auch in der staatlichen Schule ist spätestens seit der Aufgabe der Rechtsfigur vom „besonderen Gewaltverhältnis" (vgl. BVerfGE 33, 1) zum Allgemeingut geworden – vgl. nur Niehues, Schul- und Prüfungsrecht, Band 1 – Schulrecht, 3. Aufl. 2000, Rdnr. 31.

[12] D.h. das für Schulangelegenheiten zuständige Landesministerium, vgl. für diese Gliederung z.B. § 15 Abs. 1 des Nordrhein-Westfälischen Schulverwaltungsgesetzes oder § 59 Abs. 1 des Sächsischen Schulgesetzes.

[13] Die Schulabteilungen beim Regierungspräsidenten nehmen diese Aufgabe wahr.

[14] Die Staatlichen Schulämter sind damit gemeint.

[15] Allein in sprachlicher Hinsicht könnte diese Klausel Anlass zu einer ganzen Reihe von weiterführenden Gedanken sein ...

- Festlegung von Unterrichtszeiten und Ferien,
- Vorgaben für Schulversuche, für Modell- und Versuchsschulen,
- Bestimmungen über die Schulverfassung, über die Mitwirkung von Lehrkräften, von Schülerinnen und Schülern, von Eltern, nichtunterrichtendem Personal und Dritten bei der Ausgestaltung schulspezifischer Bedingungen,

Im Bereich der *Schulplanung*
- Festlegungen bezüglich der Lehrerbedarfe,
- Vorgaben für die Schulentwicklungsplanung,
- Rahmenregelungen für Schulbau und Schulausstattung, für den Schülertransport[16]

Im Bereich der inhaltlichen Orientierung von Schule
- Festlegung von Erziehungs- und Unterrichtszielen,
- Bestimmung des konfessionellen Charakters der staatlichen Schulen,
- Entscheidungen über Unterrichtsfächer und deren Inhalte,
- Zulassung von Lehr- und Lernmitteln,
- Festlegung von Stundentafeln,
- Bestimmungen über Standards, über Prüfungen, Prüfungsverfahren und Berechtigungen,
- Vorgaben für Erziehungs- und Ordnungsmaßnahmen,
- Regelungen zu Untersuchungen,
- Bestimmungen über den Umgang mit Informationen und Daten,
- inhaltliche Fragen der Lehreraus-, -fort- und -weiterbildung
- im Bereich von Beaufsichtigung und Kontrolle
- Bestimmungen über die Einstellung des Personals,

[16] D. h. Rahmenbestimmungen für die sog. äußeren Schulangelegenheiten, vgl. dazu nur Avenarius / Heckel, Schulrechtskunde, 7.Aufl. 2000, S. 9, sowie Niehues, a. a. O., Rdnr. 140.

- Regelungen über die Rechtsstellung des Personals,
- Vorgaben für Kontrollverfahren bei Schule, Unterricht und Personal,
- Kompetenzen zur Einzelweisung und zur allgemeinen Anweisung.

Dabei macht dieser Katalog noch einmal deutlich, dass es sich bei den aufgrund des weiten Verständnisses von Artikel 7 Absatz 1 des Grundgesetzes übertragenen Kompetenzen nicht nur um Befugnisse und Rechte des Staates handelt, sondern dass hieraus auch eine staatliche Verpflichtung abgeleitet wird, diese Befugnisse auch wahrzunehmen[17].

Das überwiegende Verständnis von Schulaufsicht

Das überwiegend anerkannte, weit ausgelegte Verständnis des verfassungsrechtlichen Schulaufsichtsbegriffes zu einem „Vollrecht"[18] lässt sich vom bloßen Sprachgebrauch aus schwer herleiten. Auch juristisch ist mit dem Begriff „Aufsicht" an sich die Vorstellung verbunden, dass eine (natürliche oder juristische) Person zunächst einmal selbst handelt und deren Handlung anschließend gegebenenfalls durch dazu Befugte korrigiert wird[19]. Zwar schließt „Aufsicht" nicht aus, dass im Vorfeld allgemeine Maßstäbe und Regeln aufgestellt werden können, die dann den Freiraum des zu beaufsichtigenden Subjektes beschränken; entscheidend bleibt aber die Vor-

[17] So deutlich Pieroth, Erziehungsauftrag und Erziehungsmaßstab der Schule im freiheitlichen Verfassungsstaat, in: DVBl.1994, 949, 951; auch Avenarius / Heckel, a. a. O., S. 113; Niehues, a. a. O., Rdnr. 71.

[18] Schmitt-Kammler, in: Sachs, Grundgesetz-Kommentar, 2. Aufl. 1999, Art. 7 Rdnr. 17.

[19] Vgl. RGZ 80, 338, 345.

stellung, dass ein (mehr oder weniger) freier Gestaltungsspielraum der handelnden Person erhalten bleibt[20].

Dass dieser, allgemein gebräuchliche und auch zugleich juristische Sprachgebrauch des Begriffes „Aufsicht" dem herrschenden Verständnis von Artikel 7 Absatz 1 des Grundgesetzes nicht zugrunde liegt, haben die vorangehenden Ausführungen hinreichend deutlich gemacht. Versuchen in der juristischen Literatur, entgegen der weit verbreiteten Auffassung den auch sonst üblichen, eingeschränkteren Aufsichtsbegriff auch für Artikel 7 Absatz 1 des Grundgesetzes fruchtbar zu machen[21], ist bisher wenig Erfolge beschieden gewesen.

Jedoch bleibt festzuhalten, dass mit einer entsprechenden Veränderung des Aufsichtsbegriffes bei Artikel 7 Absatz 1 des Grundgesetzes eine Debatte notwendig beginnen würde, die das Verhältnis von Schulaufsicht und Einzelschule, von Schulaufsicht und Lehrkräften neu bestimmen müsste, wenn es denn darum ginge, einen freien Gestaltungsraum der zu beaufsichtigenden Subjekte anzuerkennen und dann über mögliche Grenzziehungen zu diskutieren.

Begründet wird das herrschende Verständnis von Aufsicht im „weitgespannten Sinn"[22] mit seiner historischen Entstehung: „der Begriff der staatlichen Schulaufsicht (ist) unter Berücksichtigung seiner historischen Entwicklung (auszulegen); denn es liegen keine Anhaltspunkte dafür vor, dass dieser Begriff unter der Herrschaft des Grundgesetzes einen anderen Inhalt erhalten sollte als zur Zeit der Weimarer Verfassung"[23].

---

[20] Nur so ist etwa auch Artikel 84 Absatz 3 des Grundgesetzes verstehbar: „Die Bundesregierung übt die Aufsicht darüber aus, dass die Länder die Bundesgesetze dem geltenden Rechte gemäß ausführen."

[21] Vgl. etwa Maunz, in: Maunz / Dürig / Herzog (Hrsg.), Grundgesetz-Kommentar (1980), Art.7, Rdnr.16; auch schon Peters, Elternrecht, Erziehung, Bildung und Schule, in: Bettermann / Nipperdey / Scheuner (Hrsg.), Die Grundrechte, Band 4, 1. Halbband (1960), S. 410.

[22] Maunz, Art. 7, Rdnr. 16.

[23] BVerwGE 6, 101, 104 und ebenso BVerfGE 34, 165, 182.

Nur: diese Aussage ist zumindest insoweit nicht zutreffend, als die Weimarer Reichsverfassung im Gegensatz zum Grundgesetz sehr viel umfassendere und weitergehendere Aussagen zum Schulwesen enthielt – angefangen von der in Artikel 144 der Weimarer Reichsverfassung enthaltenen, über den Wortlaut wie in Artikel 7 Absatz 1 des Grundgesetzes hinausgehenden Aussage zur Möglichkeit, auch die Gemeinden – die Schulträger also – an der Schulaufsicht zu beteiligen, und der Hervorhebung der personalen Seite von Schulaufsicht, dass diese durch „hauptamtlich tätige, fachmännisch vorgebildete Beamte ausgeübt“ [24] wird.

Wenn, wie der obige Katalog der Inhalte von Schulaufsicht zeigt, nach dem heutigen, umfassenden Verständnis auch Fragen der Schulorganisation und der Schulpflicht diesem Begriff unterfallen, dann ist darauf hinzuweisen, dass dies unter den Bedingungen der Weimarer Reichsverfassung gesondert geregelt war, nämlich in Art. 146 mit Aussagen zur „organischen Ausgestaltung des öffentlichen Schulwesens“ einschließlich der für alle gemeinsamen Grundschule bzw. mit genauen Vorgaben zur Dauer der Schulpflicht in Artikel 145.

Von daher ließe sich zumindest hinterfragen, ob die bloße historische Bezugnahme, die als Argument für das von der herrschenden Meinung anerkannte, umfassende Verständnis des Schulaufsichtsbegriffs bemüht wird, nicht möglicherweise auf eine nicht hinreichend hinterfragte historische Bezugnahme begründet wird. Auch wenn demzufolge eine Identität des Verständnisses vom Schulaufsichtsbegriff unter der Weimarer Reichsverfassung und unter dem Grundgesetz als nicht ausreichend begründbar erscheint, dann besteht aber zumindest insoweit eine historische Kontinuität, als dass die Sicherung der Schulen als Veranstaltungen des Staates, wie dies seit dem Preußischen Allgemeinen Landrecht von 1794 beansprucht

[24] Von Anschütz (a. a. O., S. 672f.) als „Wille zur Verweltlichung“ und gegen die „geistliche Schulaufsicht“ gerichtet verstanden.

wurde[25], weiterhin erhalten bleiben sollte. Die Durchsetzung der staatlichen „Schulhoheit" gegen die Kirche zu sichern, dies war eine klare Traditionslinie – nur: heutzutage ist die Wiedereinführung einer geistlichen Schulaufsicht kein Thema (mehr)[26].

Trotz aller berechtigten Kritik am umfassenden Schulaufsichtsbegriff der überwiegenden Meinung von Rechtsprechung und juristischer Literatur scheint es gleichwohl nicht unberechtigt nachzufragen, ob sich, quasi unterhalb der „höheren" Ebene des Verfassungsbegriffs der Schulaufsicht und ohne Infragestellen dieses Verfassungsbegriffes, ein verändertes Verständnis von Schulaufsicht im funktionellen Sinne entwickelt hat oder in der Entwicklung befindet.

Versuche, Schulaufsicht als weitgefasste Form von Fach-, Rechts- und Dienstaufsicht zu reduzieren, hat es in der Vergangenheit mehrfach gegeben, etwa mit dem Vorschlag einer Reduzierung der Befugnisse der Schulaufsichtsbehörden auf eine bloße Rechtsaufsicht[27]. Allerdings muss man auch diesen Vorschlag insofern kritisch bewerten, als mit ihm nicht ausgeschlossen werden kann, dass lediglich ein Formenwechsel eintritt, Schulaufsicht also auf der Grundlage einer Vielzahl von (neu geschaffenen) Rechtsvorschriften handelt und so in inhaltlich unveränderter, umfassender Weise unter Verwendung veränderter Formen agiert.

Dass sich derartige Entwicklungen einer Zurücknahme von schulaufsichtlichen Kompetenzen zeigen könnten, würde sich in einen Zusammenhang mit Veränderungen der Vorstellun-

---

[25] § 1 des Titels II 12 des Allgemeinen Landrechts für die Preußischen Staaten; vgl. dazu nur Leschinsky / Roeder, Schule im historischen Prozess (1976), S. 55ff.; vgl. auch Artikel 21 der Preußischen Verfassung von 1850.

[26] Und es war letztlich auch zu Zeiten der Beratungen des Grundgesetzes im Parlamentarischen Rat kein Thema mehr; vgl. Avenarius / Heckel, a. a. O., S. 232 sowie Niehues, a. a. O., Rdnr. 10.

[27] So etwa die Kommission Schulrecht des Deutschen Juristentags, Entwurf für ein Landesschulgesetz (1981), S. 318.

gen von der Aufgabe und Funktion des Staates bringen lassen. Die Vorstellung, dass die Lösung aus vorstaatlichen Bevormundungen durch den Staat und seine Rechtsordung nur in der Form des allumfassend „verstaatlichenden Staates“[28] gelingen kann, scheint deutlich im Schwinden zu sein. An die Stelle des Modells einer bis in alle Einzelheiten notwendig zu regelnden sozialen Ordnung tritt zunehmend die Vorstellung von hinreichender Rahmensetzung in Verbindung von Modellen adäquater Kontrolle[29]. „Steuerung“ und „Controlling“ werden nicht nur zu neuen Begrifflichkeiten für alte Zustände, sondern vermitteln auch eine verändertes Verständnis der Rolle des Staates, für den unbestritten und nach wie vor z. B. Schule-Halten eine staatliche Veranstaltung in staatlicher Verantwortung bleibt[30].

Überblick über schulgesetzliche Regelungen

Abbilden müsste sich ein solches, zumindest in Ansätzen verändertes Verständnis auch an den schulgesetzlichen Regelungen der Bundesländer – wobei auch insoweit gilt, dass bekanntermaßen nicht in allen Bundesländer die je gleiche Vorstellung herrscht, dass politische Auffassungsunterschiede sich auch insoweit zeigen und von einer insoweit einheitlichen Entwicklung nicht gesprochen werden kann. Wagt man trotzdem eine Gesamtschau der schulgesetzlichen Regelungen der Bundesländer und eine – dann notwendig pauschalierende – Gesamteinschätzung, so lassen sich einige gegenwärtig Feststellungen treffen:

- Die Schulgesetze aller Länder halten am in Rechtsprechung und juristischer Literatur verbreiteten, umfassenden Be-

[28] So schon Ridder im Jahre 1975 (in: Die Soziale Ordnung des Grundgesetzes, S. 131).

[29] Dazu statt vieler nur Lange, Schulautonomie und neues Steuerungsmodell, in: Recht der Jugend und des Bildungswesens 1999, S. 423 ff.

[30] Vgl. nur Niehues, a. a. O., Rdnr. 74.

griff von Schulaufsicht fest; teilweise werden die Formulierungen der Rechtsprechung wörtlich in die Schulgesetze übernommen.

- In allen Bundesländern wird der von der Rechtsprechung verwandte Schulaufsichtsbegriff dahingehend erweitert, dass „Beratung“ und „Unterstützung“ von Schulen zu einem Bestandteil der Tätigkeit von *Schulaufsicht* erklärt wird – wobei das Verhältnis zum herkömmlichen Schulaufsichtsbegriff offenkundig nicht einheitlich beantwortet wird: während Brandenburg die „Schulberatung“ der „Schulaufsicht“ deutlich gegenüberstellt[31], ist „Beratung“ in Schleswig-Holstein Teil von Schulaufsicht und wird dort den „Aufgaben der Gestaltung“ gegenübergestellt[32], das aus der Praxis von Schulaufsicht bekannte Dilemma der gleichzeitigen Beratung und Kontrolle[33] wird in der Mehrzahl der Länder auf der Gesetzesebene weder gesehen noch gar gelöst – mit Ausnahme von Bremen, das für Beratungszwecke eine eigene, von der Schulaufsicht getrennte Einheit, die „Schulinspektion“, durch Gesetz geschaffen hat[34].
- Schulaufsichtliche Vorgaben aufgrund der Schulgesetze werden in allen Ländern als jedenfalls nicht so umfassend angesehen, dass nicht daneben noch Raum für einzelschulische Präzisierungen und Ausfüllung vorhandener Spielräume bliebe. Der Umfang der entsprechenden Kompetenzen der Einzelschule und ihrer jeweiligen Entscheidungsgremien schwankt dabei von Land zu Land in durchaus erheblicher Weise.

[31] § 129 Abs. 1 des Brandenburgischen Schulgesetzes.

[32] § 120 Abs. 2 des Schleswig-Holsteinischen DSchulgesetzes.

[33] Dazu schon Hopf / Nevermann / Richter, Schulaufsicht und Schule (1980), S. 115ff.

[34] § 13 des Bremischen Schulverwaltungsgesetzes.

– Ein typisches Feld der einzelschulischen Kompetenzen ist die Schulprogrammerstellung[35], die in einigen Ländern den Schulen auch zur Verpflichtung gemacht wurde.[36] Inwieweit hier die Schulen weitergehenden Bindungen unterliegen, ist in den Ländern durchaus unterschiedlich geregelt:

Schleswig-Holstein verlangt zwar nur eine bloße Vorlage des Schulprogrammes bei der Schulaufsichtsbehörde[37]; da aber deren Fachaufsicht über den Gesamtbereich von Erziehen und Unterrichten unangefochten erhalten bleibt,[38] bedarf es der Klärung, ob bezüglich des Umganges mit Schulprogrammen von Einzelschulen eine Ausnahme anzunehmen ist.

In Bremen scheint die Vorstellung zu bestehen, dass durch eine aktive Beteiligung der schon erwähnten, den Schulen gegenüber nicht weisungsbefugten Schulinspektion[39] ernsthafte Konflikte im Rahmen der Schulprogrammarbeit nicht zu erwarten sind, denn bei Bedenken gegen das *Schulprogramm* soll die Deputation, ein auch mit Parlamentsvertretern besetzter Verwaltungsausschuss, beteiligt werden[40] – allerdings bleibt als letztes Mittel auch hier die Möglichkeit eines Eingreifens der Schulaufsicht, aber nur in Fällen erheblicher Widersprüche zum gesetzlichen Erziehungsauftrag der Schulen[41].

Hessen verlangt eine ausdrückliche Zustimmung der Schulaufsicht zum jeweiligen Schulprogramm.[42] Das Gesetz

[35] Vgl. §§ 8 Abs. 4, 129 Abs. 3 des Brandenburgischen Schulgesetzes; dazu Hanßen / Glöde, Branndenburgisches Schulgesetz-Kommentar (1997ff.), § 129, Rdnr.Anm. 9ff.

[36] § 9 Abs. 1 satz2 Nr. 1 des Bremischen Schulgesetzes, § 51 Abs. 1 des Hamburgischen Schulgesetzes, § 127b Abs. 2 des Hessischen Schulgesetzes, § 3 Abs. 1 Satz 2 des Schleswig-Holsteinischen Schulgesetzes.

[37] § 3 Abs. 1 Satz 2 des Schulgesetzes.

[38] § 120 Abs. 4 Nr. 2 des Schulgesetzes.

[39] § 13 Abs. 3 Satz 1 des Bremischen Schulverwaltungsgesetzes.

[40] § 9 Abs. 1 Satz 2 Nr. 1 Satz 3 des Bremischen Schulgesetzes.

[41] § 12 Abs. 3 Nr. 2 des Bremischen Schulverwaltungsgesetzes.

[42] § 127b Abs. 4 Satz 1 des Hessischen Schulgesetzes.

selbst enthält dann auch gleich einen Katalog zwingender Versagensgründe[43].

Hamburg verlangt ebenso eine Genehmigung von Schulprogrammen durch die Schulaufsicht[44].

Die jeweilige gesetzliche Regelung bezüglich der Schulprogramme ist dabei nicht nur insoweit von Interesse, als es um die Frage der Abgrenzung von Kompetenzen zwischen Einzelschule und Schulaufsicht und damit um mögliche neue Ansätze einer Veränderung zugunsten der Einzelschulen geht. Schulprogrammen kommt auch die Funktion zu, sie zur Grundlage von Evaluierung und Fortschreibung zu machen, die *Evaluierung* soll dabei sowohl intern durch die jeweilige Einzelschule selbst als auch extern, namentlich durch die Schulaufsichtsbehörden, erfolgen. Auch insoweit lassen sich Unterschied zwischen den Ländern feststellen:

- in Bremen ist die Aufgabe der externen Evaluation der ausgegliederten Schulinspektion übertragen[45]; diese hat aber ihrerseits der Schulaufsicht zu berichten[46];
- in Hamburg ist die schulexterne Evaluation Aufgabe der Schulaufsicht[47],
- während für Hessen bei der externen Evaluation lediglich von Gesetzes wegen die „Beteiligung der Schulaufsichtsbehörden in der Wahrnehmung der Fachaufsicht" zu gewährleisten ist[48].

Versucht man eine Zusammenfassung, so fällt auf, dass bezüglich der *internen Evaluation* des jeweiligen Schulprogramms durch die Einzelschule selbst sich die Funktion auf die Fortschreibung des vorhandenen Schulprogramms beschränkt,

---

43 § 127b Abs. 4 Satz 2 des Hessischen Schulgesetzes.

44 § 51 Abs. 2 Satz 2 des Hamburgischen Schulgesetzes.

45 § 13 Abs. 1 Satz 3 des Bremischen Schulverwaltungsgesetzes; vgl. auch § 9 Abs. 5 Satz 3 des Bremischen Schulgesetzes.

46 13 Abs. 1 Satz 2 des Bremischen Schulverwaltungsgesetzes.

47 85 Abs. 3 des Hamburgischen Schulgesetzes.

48 127b Abs. 5 des Hessischen Schulgesetzes.

während die *externe Evaluation* offenbar als ein neues Instrument schulaufsichtlichen Handelns verstanden wird. Mit dieser Einordnung der externen Evaluation in den Katalog herkömmlicher Instrumente der Schulaufsichtsbehörden werden allerdings die Möglichkeiten und Chancen von Schulprogrammarbeit nicht hinreichend genutzt werden. Wenn es einem veränderten Verständnis von staatlicher Aufgabenwahrnehmung entspricht, nicht mehr über Einzelanweisung und Detailvorgabe zu handeln, sondern wenn eher durch Rahmensetzung und Ausfüllspielräume das staatliche Handeln ganz generell geprägt sein soll, dann gilt dies auch für den Bereich von Schule und muss dann eine Veränderung zumindest in der Wahrnehmung der Aufgabe von Schulaufsicht bewirken[49]. Wenn bisher staatlicherseits – und dies gilt uneingeschränkt auch und gerade für die Schulaufsicht – primär inputorientiert gehandelt wurde, so gilt es nunmehr ganz generell, staatliches Handeln auf output-bezogene Verfahren in stärkerem Maße umzustellen.

Bezogen auf Schule lässt sich dies sowohl bei der Schulprogrammarbeit als auch an den neuen Instrumenten der Schulleistungsstudien aufzeigen – beides Verfahren, die einen Schritt weg von herkömmlichen Verfahren schulaufsichtlichen Handelns darstellen. Dabei ist zu fragen, wie diese neuen Instrumente zu den vorhandenen, „klassischen" Verfahrensweisen von Schulaufsicht in Beziehung gesetzt werden sollen. Um das grundsätzliche Ziel einer Veränderung im Feld von staatlicher „Steuerung" nicht zu konterkarieren, bedarf es dann

[49] Aus anderer Perspektive dazu Radtke: „Nun sinnt die Bildungsverwaltung den einzelnen Schulen die früher verweigerte Autonomie an, damit sie sich im parteipolitischen Gezänk nicht länger selbst den Zustand der Schulen zurechnen lassen muss. ... Die Schulaufsicht erwartet – nachdem sie bislang immer mehr mit Regulierung auf Probleme geantwortet hat nun mehr Selbstverantwortlichkeit für zu treffende Entscheidungen und mahnt von den Schulen einen Qualitätsnachweis und mehr Effizienz an, die durch externe Evaluation der Organisation des Bildungsprozesses nachgewiesen werden soll" (Einleitung, in: Radtke / Weiß (Hrsg.), Schulautonomie, Sozialstaat und Chancengleichheit (2000), S. 22).

notwendig einer Auseinandersetzung auch und gerade mit diesen bisherigen Instrumenten und Handlungsweisen von Schulaufsicht sowie deren zukünftiger Bedeutung. Eine solche Abklärung wird dann letztlich zu einem veränderten Inhalt der schulaufsichtlichen Aufgaben führen müssen: Ein solcher neu gefasster Begriff von Schulaufsicht muss – und wird – sich dann auch auf schulgesetzlicher Ebene abbilden und dann Konsequenzen im Verständnis von Schulaufsicht im verfassungsrechtlichen Verständnis haben. Faktische Veränderungen im Bereich von Schule-Halten durch neue Verfahren und Instrumente der Steuerung und Kontrolle werden so schließlich auch Folgen für die (rechtliche) Debatte um den Inhalt von „Schulaufsicht“ auslösen – eine Entwicklung, die offenbar weder so intendiert war noch deren Wirkungen auf das Schulrecht schon überschaubar wären.

CHRISTOPH BURKARD

Wohin steuert die Schulaufsicht? Perspektiven der Schulaufsichtsentwicklung

Was tun, wenn der Schulrat kommt? Diese Frage lässt nicht nur in der Literatur oder in Karikaturen Lehrerinnen und Lehrer oft ratlos erscheinen. Der Besuch der Schulaufsicht in einer Schule ist in der Tat kein Tag wie jeder andere. „Um Himmels willen, nur keinen Frontalunterricht!“, „Räumt zusammen, der Schulrat kommt!“, „Legt großen Wert auf freie Lernphasen!“, „Turnen nur in Turnsachen!“ – Beispiele für Verhaltensmaßregeln, die Österreichische Schulleiterinnen und Schulleiter auf die Frage nach „goldenen Regeln“ im Umgang mit der Schulaufsicht angaben (BITSCHNAU / SCHRATZ, 2000, S. 57ff.).

Das Verhältnis zwischen Schulen und Schulaufsicht, also sozusagen die Nahtstelle zwischen Einzelschule und Staat, war schon immer spannungs- und konfliktträchtig. Der Kritik an staatlicher Gängelung der pädagogischen Arbeit durch bürokratische Kontrolle steht dabei die Forderung nach pädagogischer Freiheit zur Seite. Und gemäß dem Motto „Der Schulrat geht auch wieder“, begegneten schon viele Lehrergenerationen staatlichen Steuerungs- und Kontrollversuchen mit mehr oder weniger goldenen Regeln, um eigene Freiräume zu bewahren. Wie Freiheit und Verantwortung (LIKET, 1993) ausbalanciert werden können, kann als Grundfrage der staatlichen Steuerung von Schulen gelten.

Ausgangspunkt: Selbstständige Schulen brauchen eine veränderte Schulaufsicht

In herkömmlicher Betrachtungsweise kann die einzelne Schule als letztes Glied einer Kette hierarchischer Ebenen verstanden werden: Kultusministerium, Bezirksregierung, Schulamt, Schule. Für Veränderung und Entwicklung von Schulen sind in diesem bürokratischen Modell nahezu ausschließlich übergeordnete Instanzen zuständig. Detaillierte Erlasse, Gesetze und Verordnungen sind die Instrumente, mit denen das Handeln der Akteure in den Schulen gesteuert und die Qualität der einzelnen Schulen gesichert und verbessert werden soll.

Es fehlte bereits in der Vergangenheit nicht an Versuchen, dieses Verhältnis zwischen Einzelschule und Staat auf eine neue Grundlage zu stellen und die Gestaltungsfreiheit der Schulen und Kollegien zu erhöhen. Die Diskussion um „Schulautonomie“ ist ja keinesfalls neu (vgl. hierzu bspw. RICHTER 1994). Besondere Bedeutung hatten in diesem Zusammenhang bereits die Empfehlungen des DEUTSCHEN BILDUNGSRATES (1973) und des DEUTSCHEN JURISTENTAGES (1981). Auch wenn es also seit 1945 viele Anläufe und Initiativen gab, die staatlichen Instrumente zur Steuerung von Schulen zu verändern, wurden diese Vorschläge zur erweiterten Selbstständigkeit der Schule von den Gesetzgebern und Schulbehörden allerdings nicht oder doch in nur geringem Maße umgesetzt. Die Folge war, dass sich auch in diesem Politikbereich ein erheblicher Reformstau gebildet hatte.

Seit Beginn der 1990er-Jahre wurden nun in vielen Bundesländern Gesetzesnovellierungen und Reformen vorgenommen, die hier Abhilfe schaffen sollen. Gemeinsamer Ausgangspunkt ist dabei die Überzeugung, dass die etablierten Formen zentraler Steuerung von Schulen den Anforderungen der Gegenwart nicht gerecht werden. Nicht mehr in erster Linie Erlasse und Gesetze sollen die Qualität der einzelnen Schulen sichern, sondern das Engagement und die Problemlösekompetenz der Beteiligten in den einzelnen Schulen.

Im Zentrum der Initiativen zur Schulreform der letzten Jahre stand deshalb die Idee der „lernenden Schule„ (BILDUNGSKOMMISSION, 1995). Eine lernende Schule vergewissert sich immer wieder, wo sie mit ihrer Arbeit steht und welche Korrekturen und Maßnahmen notwendig sind, um für Schülerinnen und Schüler eine gute und ertragreiche Ausbildung und Erziehung garantieren zu können. Diese Vision – so die einhellige Annahme – setzt voraus, dass Schulen mehr Selbstständigkeit und größere Gestaltungsspielräume erhalten. Durch eine Rücknahme zentraler und bürokratischer staatlicher Steuerungsmechanismen erhofft man sich das Freisetzen von professionellen Gestaltungskompetenzen in den Kollegien, die in einer „verwalteten Schule" (BECKER) nicht zum Zuge kommen können. Qualitätsverbesserung von Schulen soll somit im Kern durch eine erweiterte Selbstständigkeit der einzelnen Schule erreicht werden. Denn Schulen – so die Annahme – können den pädagogischen Herausforderungen der Gegenwart besser begegnen, wenn sie pädagogische Konzepte und Angebote entwickeln, die auf die jeweils spezifische Situation der einzelnen Schule zugeschnitten sind (vgl. DASCHNER / ROLFF / STRYCK, 1995).

Den einzelnen Schulen wurden deshalb zunehmend größere Entscheidungsbefugnisse zugestanden. Konsequenzen davon sind beispielsweise die Rücknahme von Genehmigungsvorbehalten in vielen Bereichen der Schulorganisation, die Budgetierung der Schulhaushalte, die Stärkung der Schulleitungen bei der Personalauswahl und Personalentwicklung, die Profilbildung von Schulen sowie die Formulierung von Rahmenlehrplänen und -richtlinien, die schulspezifische Ausgestaltung erfordern.

An die Stelle der Umsetzung von staatlichen Regelungen tritt damit mehr und mehr die inhaltliche Ausgestaltung von staatlichen Rahmenvorgaben und die konzeptionelle Entwicklung schuleigener Lösungen. Schulen müssen und sollen sich von daher in immer stärkerem Maße selbst steuern. Um die damit verbundenen Aufgaben der systematischen Schulentwicklung zu erfüllen, sollen Schulen Schulprogramme entwickeln. Schulprogramme können als Ausdruck des bewusst gestalteten Profils einer Schule verstanden werden. Sie beschreiben das grundlegende Konzept der pädagogischen Zielvorstellungen von Schulen und enthalten die darauf bezogene Arbeitsplanung (vgl. MSWWF, 1998, S. 11). In vielen Bundesländern ist die Entwicklung von Schulprogrammen inzwischen in Verbindung mit Schritten zu einer erweiterten Selbstständigkeit zum verbindlichen, teilweise in Schulgesetzen grundgelegten Auftrag geworden.

Wenn Schulen mehr Selbstständigkeit erhalten und staatliche Vorgaben abgebaut werden, übernehmen die einzelnen Schulen in größerem Maße als bisher Verantwortung für die Qualität ihrer Arbeit und der erreichten Ergebnisse. Damit stellt sich die Frage, wie die Qualität der einzelnen Schulen und ihrer Ergebnisse überprüft und vergleichbare Standards garantiert werden können. Eine erste Anwort auf diese Frage lautet: schulinterne *Evaluation*. Schulen erhalten den Auftrag, ihre Arbeit in eigener Verantwortung systematisch zu reflektieren und zu überprüfen. Dahinter steht die Vorstellung, dass Evaluation insbesondere dann zur Qualitätsverbesserung beitragen kann, wenn sie schulintern von den Personen durchgeführt wird, die unmittelbar Verantwortung für die Arbeit tragen, wenn also Lehrerinnen und Lehrer selbst Verantwortung für die Qualitätssicherung übernehmen. Mit der Verpflichtung zur Schulprogrammentwicklung wird deshalb in vielen Bundesländern die Aufforderung verknüpft, die erreichten Ergebnisse und die Umsetzung der im Schulprogramm formulierten Ziele und Arbeitsschritte schulintern zu evaluieren.

Dieses neue, auf erweiterter Selbstverantwortung der einzelnen Schulen beruhende Schulentwicklungsmodell verlangt nun nach einem korrespondierenden Steuerungssystem durch die staatliche Schulaufsicht. Wenn jede Schule zu ihrer Situation passende Angebote entwickelt, müssen die Formen staatlicher Steuerung und schulübergreifender Standardsicherung dieser Unterschiedlichkeit gerecht werden. Im Zuge der seit nunmehr zehn Jahren anhaltenden Diskussion um eine erweiterte Selbstständigkeit der einzelnen Schule, um Schulprogramm und Evaluation gerät deshalb immer wieder auch die Arbeit der *Schulaufsicht* in die Kritik. Hier ist in den letzten Jahren einiges in Bewegung geraten. „Alte" Steuerungsmechanismen werden in Frage gestellt, müssen sich neu legitimieren oder sollen durch „neue" Ansätze ersetzt werden. Dies trifft auf das gesamte Spektrum staatlicher Verfahren zur Kontrolle, Unterstützung und Steuerung von Schulen zu, in ganz besonderer Weise aber auf die Schulaufsicht. Sie ist die Instanz, die gleichsam in Person staatliche Steuerungsansprüche gegenüber den Schulleitungen, Kollegien und Lehrkräften zu vertreten hat.

Die staatliche Schulaufsicht befindet sich somit mitten in einem Umbruchprozess. Es geht um die Klärung und Neudefinition ihrer Aufgaben.

Zunächst standen bei dieser Diskussion eher strukturelle Fragen der Organisation der Schulaufsicht im Zentrum des Interesse, also beispielsweise: Soll die Schulaufsicht durch die Bezirksregierungen oder vor Ort durch Schulämter wahrgenommen werden? Braucht man unterhalb des Ministeriums eine oder zwei Stufen der Schulaufsicht? Zunehmend aber geht es um die Frage der Funktionen der Schulaufsicht generell: Welche Rolle soll die Schulaufsicht im Rahmen der staatlichen Steuerung des Schulsystems übernehmen? Welche Verfahren und Instrumente soll die Schulaufsicht bei der Steuerung der einzelnen Schulen einsetzen? Welchen Beitrag leistet die Schulaufsicht zur Schulentwicklung? Konsens ist ganz offensichtlich, dass die traditionelle Schulaufsicht ihren Aufgaben nicht mehr gerecht werden kann. Wie aber eine „neue Koppelung" zwischen Einzelschule und staatlichen Steuerungsinstanzen aussehen soll, ist bildungspolitisch in der gegenwärtigen Situation nach wie vor unklar und umstritten.

Sucht man nach Informationen über Bedingungen und Wirkungen dessen, was die Schulaufsicht tut, muss man feststellen, dass das wissenschaftliche, empirische Wissen über die Situation der Schulaufsicht in Deutschland erstaunlich gering ist. Sowohl das Selbstverständnis von Schulaufsichtsbeamtinnen und -beamten als auch die Wirkung ihrer Tätigkeiten oder die Fremdwahrnehmung durch ihre Klientel waren bislang nur in wenigen Fällen Gegenstand wissenschaftlicher Forschung. Die aktuell geführte Diskussion um eine Neudefinition der Aufgaben und Funktionen von Schulaufsicht muss von daher weitgehend ohne empirisch gestützte Ergebnisse auskommen. Dennoch soll hier der Versuch unternommen werden, auf der Grundlage der wichtigsten Ergebnisse der Schulaufsichtsforschung eine Situationsanalyse der Schulaufsicht und ihrer Funktionen für die Schulentwicklung vorzunehmen (vgl. ausführlich: BURKARD, 1998).

Aufgaben der Schulaufsicht

Die staatliche Schulaufsicht hat in Deutschland Verfassungsrang. Aufgaben und Tätigkeiten der Schulaufsicht leiten sich aus Art. 7 Abs. 1 GG ab: „Das gesamte Schulwesen steht unter der Aufsicht des Staates". Wobei sich die staatlichen Steuerungsfunktionen unterscheiden lassen in erstens Aufgaben der Schulhoheit, also Organisation, Planung und Leitung des Schulwesens insgesamt, und zweitens die Überwachung der inneren und äußeren Schulangelegenheiten (vgl. HECKEL / AVENARIUS, 1986, S. 165). Die Wahrnehmung der Schulhoheit kann als Schulaufsicht im „weiteren" Sinne verstanden werden und umfasst die gesamte staatliche Bildungsverwaltung. Schulaufsicht im engeren Sinne kümmert sich um die einzelnen Schulen und gliedert sich in

- Fachaufsicht mit dem Ziel der „pädagogischen Betreuung und Förderung der Schularbeit",

- Dienstaufsicht als „personalrechtliche Aufsicht über die Pflichterfüllung des Lehrers und die Ausübung der Disziplinargewalt" und
- Rechtsaufsicht gegenüber den Aufgaben von Schulträgern (vgl. ebd.).

Deutlich wird in dieser Aufgabenbeschreibung der Schulaufsicht der grundsätzliche Doppelauftrag schulaufsichtlicher Tätigkeit, nämlich einerseits die Arbeit der Schulen zu unterstützen und andererseits die Einhaltung staatlicher Vorgaben zu kontrollieren. Für die Schulaufsicht ergeben sich aus dieser allgemeinen Funktionsbeschreibung vielfältige Aufgaben und Aufträge bei der Steuerung und Verwaltung der einzelnen Schulen und der Gestaltung des Schulsystems insgesamt. Von besonderer Bedeutung sind traditionell:

- Personalauswahl und Personalentwicklung
- Mitwirkung bei der Lehrplanentwicklung
- Transport von Lehrplänen und Erlassen in die Schulen
- Kontrolle der Umsetzung von Vorgaben
- Beratung von Schulleitungen und Lehrkräften
- Qualitätssicherung der Abschlussprüfungen.

Entwicklungsprobleme der Schulaufsicht

An der Art und Weise, wie die Schulaufsicht ihre Aufgaben wahrgenommen hat, wurde bereits in der Vergangenheit viel Kritik geübt. Zusammenfassend lassen sich den vorliegenden empirischen Studien zur Schulaufsicht die folgenden Entwicklungsprobleme entnehmen.

Begrenzte Wirksamkeit schulaufsichtlicher Instrumente

Das „klassische" Instrument, dass der Schulaufsicht zur Beratung und Kontrolle zur Verfügung steht, ist die dienstliche Beurteilung. Bei einem Unterrichtsbesuch eines einzelnen Lehrers bzw. einer Lehrerin überzeugt sich dabei die Schulaufsicht über die Qualität des Unterrichts, bewertet die beobachtete Leistung der Lehrerin bzw. des Lehrers und berät die Betroffenen, wie man bessere Unterrichtsergebnisse erzielen kann. Die Angemessenheit dieses Verfahrens wurde nicht nur von Lehrerinnen und Lehrern, sondern auch aus wissenschaftlicher Perspektive bereits vielfach in Frage gestellt (vgl. BESSOTH, 1994, S. 209f.). Gegen Unterrichtsbesuche der Schulaufsicht wurden vor allem die folgenden Einwände vorgebracht:

- Lässt ein punktueller Einblick in die Arbeit einer Lehrkraft valide Aussagen über deren Arbeit insgesamt zu?
- Können überhaupt Bewertungskriterien formuliert werden, die nicht lediglich subjektiv legitimiert, sondern allgemein verbindlich sind?
- Inwieweit entspricht eine möglicherweise in besonderer Weise vorbereitete Unterrichtsstunde dem Alltagsverhalten einer Lehrkraft?

Inzwischen wurde in vielen Bundesländern die Bedeutung der *Schulleitung* bei der dienstlichen Beurteilung gestärkt und entsprechend spielen Unterrichtsbesuche eine zunehmend geringere Rolle in der Arbeit der Schulaufsicht. Bei der Personalauswahl und Personalentwicklung behält dieses Verfahren zweifellos auch weiterhin seine Berechtigung (vgl. ORTH, 1994). Von großer Bedeutung für die Steuerung von Schulen ist allerdings, dass dieses auf einzelne Personen ausgerichtete Instrument offensichtlich kaum dazu geeignet ist, wirkungsvoll die Qualität der Arbeit einer ganzen Schule zu sichern. Was sagen punktuelle Einblicke in die Unterrichtspraxis einzelner Lehrkräfte über die Qualität der Arbeit eines Kollegiums aus? Entsprechend gering sind die tatsächlich beobachtbaren Wirkungen schulaufsichtlicher Steuerung.

Ablesen lässt sich dieses beispielsweise an den Ergebnissen einer Studie von WERNER BIEWER (1993). Am Beispiel eines Schulaufsichtsbezirks in Rheinland-Pfalz wurde dort die Wirksamkeit der Schulverwaltung systematisch auf mehreren Ebenen untersucht. Gegenstand waren die tatsächlich beobachtbaren Ausprägungen des Verwaltungshandelns auf unterschiedlichen Ebenen (Ministerium, Schulamt, Schule). Die Ergebnisse begründen – so BIEWER zusammenfassend – „die Vermutung, dass der Einfluss der Schulverwaltung auf die Ausprägungen der Verwaltungsvorgaben bei den Schulleitern und Lehrern trotz zentralisierter Steuerung und Kontrolle gering ist“ (BIEWER, 1994, S. 179). Selbst da, wo in den verschiedenen Schulen einheitliche Formen von Verwaltungshandeln erkennbar wurden, waren diese nicht auf eine einheitliche Steuerung und Kontrolle durch die Schulverwaltung zurückzuführen, sondern hatten ihre Ursache in vergleichbaren Konstellationen von Organisations- und Managementbedingungen innerhalb der einzelnen Schulen (vgl. ebd.).

Die in dieser Studie erkennbar gewordenen sehr unterschiedlichen Formen, wie staatliche Vorgaben in einzelnen Schulen umgesetzt werden, zeigen deshalb die „faktisch relativ großen Entscheidungs- und Handlungsspielräume bei den Schulen, insbesondere bei deren für die Verwaltung dort wichtigsten Agenten, den Schulleitern“ (BIEWER, 1994, S. 180). Schulen sind deshalb, so folgert BIEWER aus seinen Ergebnissen, dem direkten Zugriff der Verwaltung weitgehend entzogen und die Wirksamkeit von Rechtsvorgaben als Mittel der Zielerreichung und einheitlichen Steuerung von Schule muss aufgrund der Ergebnisse als fraglich gelten. Die feststellbaren geringen Steuerungsimpulse der Schulverwaltung (in der Form, wie sie gegenwärtig agiert) unterstützen nach BIEWER deshalb die Tendenz zu einer erweiterten Selbstständigkeit der einzelnen Schule (vgl. ebd.).

Festzuhalten bleibt: Die von der Schulaufsicht eingesetzten Methoden und Verfahren zur Qualitätsentwicklung und –sicherung, die sich vorwiegend auf einzelne Personen richten, haben offensichtlich nur begrenzte Wirkung. Die Steuerungsfunktionen, die der Schulaufsicht zukommen, können von daher nur eingeschränkt ausgefüllt werden. Faktisch haben Lehrkräfte und Schulleitungen offensichtlich relativ große Freiräume in der Gestaltung ihrer Arbeit und ggf. auch im „Unterlaufen“ schulaufsichtlicher Ansprüche an Schulen. Verfahren zur Beratung und Qualitätssicherung von Schulen als Systeme sind dagegen noch weitgehend unbekannt. Dies hat beispielsweise zur Folge, dass der Schulaufsicht kaum Daten zur Verfügung stehen, die Aussagen über die Qualität von Schulen als Systeme begründen können. Hier besteht also ein großer Nachholbedarf und die Notwendigkeit, veränderte Steuerungsinstrumente zu entwickeln.

Belastete Arbeitsbeziehung zwischen Lehrkräften und Schulaufsicht

Kontrolleure sind selten gern gesehene Gäste. Als solche werden Schulaufsichtsbeamte von Lehrkräften aber in erster Linie wahrgenommen. Die auf die Beurteilung einzelner Personen gerichteten Verfahren schulaufsichtlicher Steuerung tragen sicherlich maßgeblich dazu bei, dass die Arbeitsbeziehung zwischen Lehrkräften und Schulaufsicht als, wie es ROSENBUSCH (1994) formuliert hat, „strukturell gestört“ gelten muss. Kontroll- bzw. Beurteilungssituationen sind angstbesetzt und führen zur teilweisen massiven Ablehnung der Schulaufsicht. Darüber hinaus werden Schulaufsichtsbeamte von der überwiegenden Mehrheit der Lehrerinnen und Lehrer offensichtlich als nur wenig kompetente Berater erlebt und deshalb in dieser Rolle nicht oder zumindest nur eingeschränkt akzeptiert.

Ein tragfähiges Arbeitsverhältnis für die Kooperation zwischen Lehrkräften und Schulaufsicht kann also nicht generell vorausgesetzt werden. Hinzu kommt die zeitliche Belastung der Schulaufsicht, die dazu führt, dass persönliche Kontakte zwischen den einzelnen Lehrerinnen und Lehrern und den zuständigen Schulaufsichtsbeamten auf ein Minimum reduziert sind. Im Alltag von Lehrkräften spielt deshalb die Schulaufsicht eine nur untergeordnete Rolle. Vielfach dürften deshalb auch nur vage Vorstellungen über die realen Aufgaben, Rollen und Funktionen der Schulaufsicht in Kollegien verbreitet sein.

Deutlich positiver gestaltet sich dagegen die Arbeitsbeziehung zwischen Schulleitungen und Schulaufsicht. Hier kann davon ausgegangen werden, dass bereits zum gegenwärtigen Zeitpunkt Arbeitsformen und Verfahren entstanden sind, die in der Regel eine tragfähige und effektive Zusammenarbeit ermöglichen.

Das negative Image der Schulaufsicht in Kollegien führt allerdings nicht dazu, dass staatliche Steuerung und letztendlich auch Kontrolle von Lehrkräften generell abgelehnt würde. Dass Freiheit und Verantwortung in einem öffentlichen Schulwesen in einem unmittelbaren Zusammenhang stehen, ist offensichtlich ein Gedanke, der von der überwiegenden Mehrheit der Lehrerinnen und Lehrer geteilt wird. So stimmten beispielsweise rund zwei Drittel aller in einer repräsentativen Umfrage des Instituts für Schulentwicklungsforschung befragten Lehrerinnen und Lehrer der Aussage: „Mehr Entscheidungsfreiheit für die einzelnen Schulen erfordert regelmäßige Rechenschaftslegung über den Erfolg der pädagogischen Arbeit“ zu (KANDERS / RÖSNER / Rolff, 1996, S. 89). Im „Prinzip“ wird die schulaufsichtliche Rolle also für notwendig erachtet, das real erlebte Handeln der Schulaufsicht jedoch deutlich kritisiert. Entsprechend groß ist bei Lehrerinnen und Lehrer der Wunsch nach einer veränderten Aufgabenbeschreibung der Schulaufsicht. Und hier fordern Lehrkräfte, wenn sie gefragt werden, vor allem eine deutliche Ausweitung der Beratung durch die Schulaufsicht (vgl. ebd. S. 90).

Rollen- und Funktionsvielfalt der Schulaufsicht

Die Doppelfunktion, Schulen und Lehrkräfte unterstützen und beraten sowie kontrollieren zu müssen, wird von Schulaufsicht und Schulen als das Kernproblem der Arbeit von

Schulaufsicht wahrgenommen. Wie diese beiden Aufgaben zusammengebracht und von Schulaufsichtsbeamten gegenüber Schulleitungen und Lehrkräften glaubwürdig vertreten werden können, ist eine Frage, die sich Schulaufsichtsbeamten im Arbeitsalltag permanent stellt. Aus diesem Grundproblem resultiert sicherlich auch ein Großteil der Belastungen im Verhältnis zu den Lehrerinnen und Lehrern.

Zur Frage, ob und wie diese Funktionen verknüpft werden können, gibt es allerdings nur sehr wenig empirische Ergebnisse. Deutlich wird jedoch auf der Grundlage der vorliegenden Studien, dass die unmittelbare Verknüpfung von Beurteilungssituationen mit Beratung von Lehrkräften abgelehnt und als sehr wenig effektiv erlebt wird (vgl. ROSENBUSCH, 1994). Deutlich wird damit, dass es mit den gegenwärtig üblichen Formen schulaufsichtlicher Beratung (in der Regel im Zusammenhang mit Beurteilungen von Lehrkräften) und schulaufsichtlicher Kontrolle (in der Regel personenbezogen bei Beurteilungsverfahren) nicht gelingt, die Gleichzeitigkeit von Kontroll- und Beratungsaufgaben der Schulaufsicht in einer für Schulen akzeptablen und hilfreichen Weise zu verknüpfen.

Strittig und offen ist deshalb die Frage, ob diese Problematik durch „situative" oder „institutionelle" Entflechtung der unterschiedlichen Aufgaben zu lösen ist. Es wird dafür plädiert, die traditionell in der Institution Schulaufsicht gebündelten Aufgaben auch weiterhin an einer Stelle angesiedelt zu lassen, allerdings Beratungs- und Kontrollsituationen deutlich voneinander zu trennen. Von Kritikern dieses Ansatzes wird dagegen eingebracht, dass die Unterstützungs- und Kontrollaufgaben der Schulaufsicht nicht gemeinsam in einer Instanz und schon gar nicht – wie es traditionell bei der Schulaufsicht der Fall ist – von einer Person wahrgenommen werden können. Dieser „Funktionenmix" von widersprüchlichen Aufgaben – so beispielsweise STRITMATTER (1995) – überfordere alle Beteiligten und könne mit den ihnen zur Verfügung stehenden Kapazitäten und Ressourcen nicht seriös bewältigt werden. In der Konsequenz plädiert STRITMATTER deshalb für eine institutionelle Entflechtung der Aufgaben der Schulaufsicht in Aufgaben der Vorschriftenkontrolle, Personalanstellung, systemischen Qualitätsevaluation und Unterstützung individueller Lernprozesse. Diese Aufgabenbereiche sollten jeweils von unterschiedlichen Personen wahrgenommen werden (STRITMATTER, 1995, S. 38ff.).

Überlastung der Schulaufsicht mit Verwaltungs- und Routinetätigkeiten

1985 betrugen die sog. Kontrollspannen, also die Anzahl der zugeordneten Lehrer pro Schulrat, in Bayern 174 Lehrer pro Schulrat, in Baden-Württemberg 232, Niedersachsen 253 und Nordrhein-Westfalen 356 Lehrer pro Schulrat (LESCHINSKY, 1987, S.220). Diese Zahlen haben sich seither nur geringfügig verändert. Im Zuständigkeitsbereich der oberen Schulaufsicht (Ebene der Bezirksregierung) können diese Kontrollspannen bis auf die doppelten Werte ansteigen. Die große Aufgabenfülle und die vielfältigen Zuständigkeiten der Schulaufsicht führen deshalb dazu, dass die realen Kontaktmöglichkeiten zwischen Schulaufsichtsbeamten und einzelnem Lehrer entsprechend gering sind. Nach Ergebnissen von BAUMERT und LESCHINSKY erhalten Schulen im Durchschnitt vier bis fünf Mal pro Jahr Besuch durch den zuständigen Schulrat. An der Spitze der Besuchsanlässe stehen dabei Unterrichtsbesuche im Rahmen von Personalbeurteilungen vor Organisationsproblemen und Informationsaustausch. Bei letzterem handelt es sich in der Regel um die Beratung „schwieriger Fälle" (BAUMERT / LESCHINSKY, 1986). Auch wenn diese Ergebnisse bereits 15 Jahre alt sind, kann man davon ausgehen, dass sich daran nichts Grundlegendes geändert hat.

Schulaufsichtsbeamte müssen, so lässt sich festhalten, einen Großteil ihrer Arbeitszeit mit Fragen der Personalplanung und -beurteilung verbringen. In allen Arbeitszeitanalysen liegen diese Bereiche auf dem ersten oder zweiten Rangplatz der zeitlich wichtigsten Tätigkeitsbereiche. Einen weiteren Schwerpunkt im Tätigkeitsprofil von Schulaufsichtsbeamten stellen darüber hinaus administrative und organisatorische Angelegenheiten dar. Für die individuelle Beratung von Lehrkräften, die Beratung der Schule als System und die Begleitung von Schulentwicklungsprozessen bleibt dann nur noch wenig Zeit übrig.

Bandbreite und Varianz schulaufsichtlicher Aufgabenwahrnehmung

Es gibt in Deutschland nicht die Schulaufsicht mit einem für Schulen und die Schulaufsicht selbst klar wahrnehmbaren Aufgabenspektrum. In der Schulpraxis müssen wir vielmehr davon ausgehen, dass es eine Vielzahl unterschiedlicher, vermutlich teilweise sogar konträrer Ausprägungen der Rollen- und Aufgabenwahrnehmung durch die einzelnen Schulaufsichtsbeamtinnen und -beamten gibt. Die Vielzahl der unterschiedlichen Aufgaben und Funktionen der Schulaufsicht in der Arbeit mit Schulen macht es offensichtlich notwendig, dass die einzelnen Personen individuelle Schwerpunkte in ihrer Arbeit setzen und somit Schulen und Schulleitungen mit einem relativ weiten Spektrum unterschiedlicher Ausprägungen schulaufsichtlicher Aufgabenwahrnehmung konfrontiert werden.

Für die Aufsichtsbeamtinnen und -beamten ergibt sich auf der anderen Seite eine ständige Suche nach Rollenklarheit, nach tragfähigen Selbstdefinitionen und klaren Aufgabenbeschreibungen. Was ist meine Rolle? Was sind meine Aufgaben? Was soll ich prioritär tun? Diese Fragen müssen in der Schulaufsichtspraxis immer wieder neu beantwortet werden. Dabei gilt es nicht nur der Vielzahl von Aufträgen und Aufgaben gerecht zu werden, sondern immer auch die kontrollierenden und unterstützenden Anteile schulaufsichtlicher Arbeit auszubalancieren.

Diskrepanz zwischen Selbstverständnis und realer Aufgabenausübung der Schulaufsicht

Bei der Frage der Selbstdefinition der Schulaufsicht zeigt sich, dass Wunsch und Wirklichkeit keinesfalls deckungsgleich sind. Es gibt eine deutliche Diskrepanz zwischen den Tätigkeiten, die von Schulaufsichtsbeamten wahrgenommen werden müssen, und den Aufgaben, die zumindest die überwiegende Mehrheit der Schulaufsichtsbeamtinnen und -beamte in ihrer beruflichen Praxis ausführen möchte. Dies bezieht sich zum einen auf die als starke Belastung erlebte Fülle von bürokratischen Routinetätigkeiten und Verwaltungsaufgaben, zum anderen aber auch auf eine gewisse Distanzierung von kontrollierenden und anweisenden Aufgaben der Schulaufsicht. Das Selbstverständnis der Schulaufsicht ist deutlicher durch die Begriffe „Beratung“, „Unterstützung“, „Innovation“ als durch die Begriffe „Kontrolle“, „Beurteilung“, „Anweisung“ (vgl. GAMPE, 1994, S. 83) geprägt. Dieses Auseinanderklaffen zwischen realer Aufgabenausführung und selbst gestellten beruflichen Zielen zieht sich wie ein roter Faden durch die Ergebnisse der verschiedenen Studien zur Arbeit der Schulaufsicht. Offensichtlich ist dieses Dilemma ein Kennzeichen, das die Situation einer deutlichen Mehrheit der Schulaufsichtsbeamtinnen und -beamten gegenwärtig kennzeichnet.

Kein Entwicklungsproblem, sondern Entwicklungschance

Schulaufsichtliche Unterstützung ist wichtige Gelingensbedingung für Schulentwicklung:

Trotz aller Kritik an der Arbeit der Schulaufsicht: Wird nach Gelingensbedingungen und Determinanten für Schulqualität gefragt, taucht regelmäßig auch die Arbeit der Schulaufsicht als relevanter Faktor für gelingende Schulentwicklungsprozesse auf. Die äußeren Rahmenbedingungen machen einen nicht unerheblichen Anteil der *Qualität der Schule* aus. Dazu gehören rechtliche Vorgaben, Stützsysteme wie Lehrerfortbildung, aber eben auch das schulaufsichtliche Handeln (vgl. STEFFENS / BARGEL, 1993, S. 29). Bestätigt wird dies durch Berichte aus Schulentwicklungsprojekten mit systematischer Beteiligung der Schulaufsicht (vgl. bspw. MSWWF/LSW, 1998; BARTNITZKY, 1997). Offenbar war die Schulaufsicht bereits schon immer wichtig, um Schul- und Qualitätsentwicklungsprozesse zu initiieren und anzustoßen. Gerade in „Startphasen“ können Außenimpulse und gegebenenfalls auch das Einfordern von Arbeitsschritten notwendig sein, um interne Prozesse in Gang zu setzen oder um engagierte Kollegiumsgruppen in ihrer Arbeit zu unterstützen. Die Schulaufsicht ist vielleicht doch besser als ihr Ruf, könnte man daraus zusammenfassend folgern.

Prämissen einer veränderten schulaufsichtlichen Steuerung

Die Analyse wird von kaum jemandem angezweifelt: Die Arbeit der Schulaufsicht bedarf der Reform. Wie diese jedoch aussehen soll, ist weit weniger klar. Die Argumentationsketten reichen hier von den Extremen: „Abschaffen der Schulaufsicht und Einführen neuer Dienste“ auf der einen Seite, bis zur These: „Je größer die Selbstständigkeit einzelner Schulen, um so wichtiger wird die Schulaufsicht“ (ROSENBUSCH, 1996, S. 131) auf der anderen Seite.

Insgesamt hat sich in der Diskussion um die Chancen und Grenzen einer erweiterten Selbstständigkeit von Schulen allerdings die Auffassung durchgesetzt, dass staatliche Vorgaben und Kontrollen zur Steuerung und Qualitätssicherung des Schulwesens insgesamt unabdingbar sind (vgl. AVENARIUS, 1994). An der staatlichen Steuerung und Verantwortung des Schulsystems soll also festgehalten werden. Tino BARGEL hat in diesem Sinne die unverzichtbaren Aufgaben des Staates gegenüber den einzelnen Schulen in den folgenden drei „funktionalen Prinzipien“ einer staatlichen Aufsicht zusammengefasst:

- „Die Schulaufsicht ist die institutionalisierte Vertretung des Allgemeinen gegenüber der Einzelschule.
- Die Schulaufsicht ist eine Einrichtung zur Qualitätssicherung und zum Qualitätsmanagement.
- Die Aufgabe der Schulaufsicht ist die Sicherung der Gleichwertigkeit zwischen den Schulen.“ (BARGEL, 1998, S. 22)

Auch wenn damit der staatliche Steuerungsanspruch begründet wird, ist damit noch keine Antwort auf die Frage gegeben, wie diese grundlegenden Steuerungsaufgaben durch die Schulaufsicht wahrgenommen werden. Wie eine vergleichende Analyse zur Schulaufsichtsentwicklung in den einzelnen Bundesländern (ROLFF, 1997) zeigt, gibt es in nahezu allen Ländern Initiativen zur Optimierung und Veränderung der schulaufsichtlichen Praxis. Auch wenn sich die Intensität und Reichweite der eingeleiteten bzw. beabsichtigten Schritte zur Reform der Schulaufsicht unterscheiden, lassen sich dennoch gemeinsame Zielperspektiven beschreiben, die man mit den folgenden drei „Prämissen“ einer veränderten schulaufsichtlichen Steuerung beschreiben kann.

„Primat schulinterner Qualitätssicherung“

Im Sinne der erweiterten Selbstständigkeit soll die Verantwortung für die Qualitätsentwicklung und Qualitätssicherung zunächst bei der einzelnen Schule liegen. Von einem schulinternen Qualitätsmanagement werden größere Wirkungen für die Verbesserung der schulischen Arbeit und ihrer Ergebnisse erwartet als von externen Verfahren zur Qualitätsentwicklung und Qualitätssicherung. Dies ist gemeinsamer Nenner vieler aktueller Gutachten zur Weiterentwicklung der Arbeit von Schulaufsicht (vgl. KIENBAUM, 1994; BILDUNGSKOMMISSION, 1995) und bildungspolitischer Initiativen zur Schulreform in den Bundesländern.

„Globalsteuerung statt Detailkontrolle“

Der Schulaufsicht wird insgesamt eine „zurückhaltende Rolle“ (POSCH / ALTRICHTER 1998, S. 555) zugewiesen. Statt direkte und unmittelbare Eingriffe in die Arbeit einzelner Schulen vorzunehmen, soll sich die Schulaufsicht im Sinne der „Steuerung auf Abstand“ darauf konzentrieren, die Rahmenbedingungen zu gestalten und die Einhaltung von Mindeststandards zu garantieren.

„Qualitätssicherung von Systemen statt personenbezogener Kontrolle“

Weiterhin sollen die Beratungs- und Unterstützungsfunktionen der Schulaufsicht gegenüber den kontrollierenden und verwaltenden Aufgaben gestärkt werden. Getreu der Formel „von der individuellen Kontrolle zur Qualitätssicherung von Systemen“ sollen dabei in besonderer Weise Handlungsformen entwickelt werden, die sich nicht an einzelne Personen, sondern im Sinne der sog. Systemberatung an Organisationseinheiten richten.

Nachdem Anfang der 1990er-Jahre eher „große Würfe“ zur Veränderung der Schulaufsicht vorgelegt und diskutiert wurden (vgl. BILDUNGSKOMMISSION, 1995; KIENBAUM, 1994; BremSchG, 1994), die im Kern eine funktionale Ausdifferenzierung schulaufsichtlicher Aufgaben und die institutionelle Trennung der beratenden und kontrollierenden Funktionen vorsahen, zeichnet sich in der Praxis der Bundesländer nun eher eine Strategie der „Modernisierung und Professionalisierung“ schulaufsichtlicher Tätigkeit ab. An der Funktionenvielfalt und dem oft kritisierten „Rollenmix“ wird festgehalten. Ändern sollen sich allerdings die Verfahren und Instrumente, mit denen die Schulaufsicht ihren Aufgaben nachkommt.

Mit HANS-GÜNTER ROLFF kann man die gewandelte Aufgabenbeschreibung der Schulaufsicht als „Management des

Schulentwicklungsprozesses“ beschreiben: „Schulaufsicht ist Aufsicht, Administration, Planung, Beratung und Unterstützung zugleich – moderner ausgedrückt: Management des Schulentwicklungsprozesses. Aufsicht im Sinne von Kontrolle ist dabei nur eine Funktion und zudem eine mit abnehmender Bedeutung“ (ROLFF, 1999, S. 215). Daraus lassen sich die folgenden Aufgaben einer veränderten Schulaufsicht ableiten.

Aufgaben einer veränderten Schulaufsicht:

- Mehr Beratung, vor allem Systemberatung
- Qualitätssicherung durch Evaluation
- Mitwirkung bei der Personalbewirtschaftung und -entwicklung
- Standardsicherung und Vergleichbarkeit herstellen
- Öffentliche Berichterstattung über den Zustand der Schulen bzw. Teilen derselben auf der Basis von Entwicklungen geben
- Anregungen und Unterstützung für Entwicklungen geben
- Kontrolle von Vorgaben, was auch Weisungen impliziert

(Quelle: ROLFF, 1999, S. 215f.).

Was aber heißt nun Modernisierung und Professionalisierung der schulaufsichtlichen Arbeit konkret? Mit welchen Mitteln gestaltet die Schulaufsicht das Management des Schulentwicklungsprozesses? Wie soll die Schulaufsicht Schulen beraten und unterstützen? Welche Verfahren zur Sicherung der Mindeststandards einer einzelnen Schule gibt es und welche sind wirkungsvoll? Antworten auf diese Fragen zeichnen sich bislang lediglich in ersten Ansätzen ab. Im Folgenden sollen einige Beispiele aus der Schulaufsichtspraxis und aus Modellversuchen herangezogen werden, um zu veranschaulichen, wie schulaufsichtliche Steuerung in Zukunft aussehen kann.

Kontraktmanagement mit der Schulleitung

Ein Instrument, mit dem in der Schulaufsichtspraxis versucht wird, das Verhältnis zwischen Schulaufsicht und selbstständigen Schulen neu auszubalancieren, ist der Kontrakt. Der Schulaufsicht soll dabei die Funktion zukommen, als externer Kontraktpartner von Schulen für Verbindlichkeit bei der Umsetzung von Vorgaben oder beispielsweise der kontinuierlichen Weiterführung von Arbeitsprozessen zu sorgen. Im Rahmen von Kontraktverhandlungen werden die Vorstellungen und Erwartungen von Schulen an die Schulaufsicht mit den Handlungsnotwendigkeiten und Absichten der Schulaufsicht abgeglichen und gemeinsame Ziele formuliert. Als Ergebnis werden im Kontrakt verbindliche Vereinbarungen über Inhalte und Form der gemeinsamen Arbeit und die jeweiligen Aufgaben und „Pflichten“ der Schule und der Schulaufsicht festgelegt. Gegenstände solcher Vereinbarungen mit der Schulaufsicht können beispielsweise sein:

- Inhalte, Themen und Arbeitsvorhaben, die von der Schule vordringlich bearbeitet werden,
- darauf bezogene Unterstützungsleistungen der Schulaufsicht,
- Ressourcen, die von der Schulaufsicht zur Verfügung gestellt werden,
- Erfolgskriterien und Standards, an denen Ergebnisse von Schulentwicklungsprojekten gemessen werden,
- Zeitpunkte, bis zu denen bestimmte Arbeitsschritte von Schule und Schulaufsicht durchgeführt werden,
- Verfahren und Ablauf einer Bestandsaufnahme oder Evaluation,
- Berichte und Daten, die die Schule der Schulaufsicht zur Verfügung stellt,
- Form der schulaufsichtlichen Rückmeldung zu Daten und Berichten der Schule,

- gemeinsame Termine der Schulaufsicht mit Arbeitsgruppen oder für gemeinsame Konferenzen.

Das folgende Beispiel zeigt den Ablauf, wie solche Kontrakte zwischen Schulaufsicht und Schulleitungen zustande kommen können.

Beispiel: Kontrakte zwischen Schulaufsicht und Schulleitung

- Der Dezernent vereinbart mit dem Schulleiter einen Termin, zu dem er mit der gesamten Schulleitung Verhandlungen über einen Kontrakt führen möchte. Für dieses Gespräch sind zwei bis drei Stunden vorzusehen.
- Er teilt seine Erwartungen und die zu beachtenden Rahmenvorgaben vorab mit.
- In dem Verhandlungsgespräch findet ein Austausch über die gegenseitigen Erwartungen statt. Die Schulleitung erläutert ihre Zielvorstellungen und ihre diesbezügliche Arbeitsplanung. Der Dezernent benennt seine Unterstützungsmöglichkeiten.
- Das Ergebnis dieser Verhandlungen wird durch die Schulleitung nach dem Gespräch in Abwesenheit des Dezernenten als Kontraktvorschlag formuliert.
- Der Vorschlag wird in zweifacher Ausfertigung, unterschrieben vom Schulleiter, der Schulaufsicht zugesandt.
- Ist der Dezernent mit dem Kontrakt inhaltlich und formal einverstanden, sendet er ein Exemplar mit seiner Unterschrift an die Schule zurück. Der Kontrakt gilt. Wenn er nicht zustimmen kann, beginnt die Prozedur von vorne.
- Das zum Ende der Schuljahres stattfindende Bilanzierungsgespräch zwischen der Schulleitung und dem Dezernenten wird von einem Schulleitungsmitglied protokolliert. Dieses Protokoll ist eine Grundlage für die Verhandlungen im kommenden Jahr.

(Quelle: KOHLHOFF, 1999, S. 7)

„Metaevaluation“ des Qualitätsmanagements von Schulen

Ein Beispiel dafür, wie die Schulaufsicht für die Einhaltung von Mindeststandards sorgen kann, ist die „Metaevaluation“ des internen Qualitätsmanagements von Schulen. Wenn Schulprogrammentwicklung und interne *Evaluation* zu einem Regelbestandteil von Schule gehören und als Pflichtaufgaben in Schulgesetzen oder Erlassen festgeschrieben werden, ist es Aufgabe der Schulaufsicht, dafür Sorge zu tragen, dass dieser Auftrag von Schulen verantwortungsvoll umgesetzt wird. Im Interesse der Vergleichbarkeit schulischer Arbeit müssen auch hier Mindeststandards eingehalten werden. Für die Schulaufsicht stellt sich damit der Auftrag, zu überprüfen, ob eine Schule sich selbst mit angemessenen Verfahren steuert und überprüft („Wie gut ist die interne Evaluation der Schule?“). Sie muss also sozusagen eine Evaluation der Evaluation („Metaevaluation“) durchführen. Notwendig sind dafür zum einen Bewertungskriterien und schulübergreifende Standards, anhand derer die Qualität der intern eingesetzten Verfahren zur Schulprogrammentwicklung und Evaluation gemessen wird. Zum anderen braucht die Schulaufsicht Verfahren, mit Hilfe derer sie sich Einblick in die Praxis von Schulen verschaffen kann.

Als Beispiel für solche Kriterien zur Bewertung des Qualitätsmanagements und der Schulprogrammarbeit von Schulen können die angeführten Gesichtspunkte zur „Bilanz der Schulprogrammarbeit“ herangezogen werden. Sie wurden in Nordrhein-Westfalen vom Schulministerium entwickelt, um landeseinheitliche Standards zur Bewertung der dort für alle Schulen verbindlichen Schulprogrammarbeit zu haben.

Beispiel: Gesichtspunkte zur Bilanz der Schulprogrammarbeit in Nordrhein-Westfalen. Grundlage für „Dialoggespräche“ mit der Schulaufsicht

- Sinnhaftigkeit der inhaltlichen Schwerpunkte des Schulprogramms im Hinblick auf zentrale übergeordnete Vorgaben sowie auf die Situation und das Umfeld der Schule
- Sinnhaftigkeit des Umfangs und der Auswahl der Schulprogrammaussagen, Berücksichtigung des Unterrichts und der Erziehungsarbeit der Schule im Schulprogramm
- Klarheit und Verständlichkeit der Darstellung nach innen und nach außen
- Art und Ausmaß der Einbeziehung von Zielen und Handlungskonzepten für die Weiterentwicklung der schulischen Arbeit (Schulprogramm als „Schulentwicklungsprogramm")
- Art und Ausmaß der Einbeziehung von Formen und Verfahren der Überprüfung der schulischen Arbeit insbesondere hinsichtlich ihrer Ergebnisse (Evaluation)
- Art und Ausmaß der Einbeziehung der Schulgemeinschaft (Lehrkräfte, Schülerinnen und Schüler, Eltern) in die Schulprogrammarbeit und in die Entscheidung über das Schulprogramm
- Klarheit und Funktionalität der schulinternen Arbeitsstrukturen und der Verteilung der Verantwortung für die Schulprogrammarbeit
- Kontinuität der Schulprogrammarbeit der Schule, Einbindung in längerfristig angelegte Schulentwicklungsarbeit

(Quelle: RdERl des MSWWF v. 15.12.2000: Berichterstattung der Schulen an die Schulaufsicht über ihre Schulprogrammarbeit (BASS 14–23, Nr. 1)

Die Formulierungen zeigen, dass trotz der schulübergreifenden Gültigkeit dieser Kriterien noch viel Spielraum für die Konkretisierung bezogen auf die jeweilige Schulsituation bleibt. Diese Gesichtspunkte zur Bilanz der Schulprogrammarbeit dienen in Nordrhein-Westfalen als Grundlage für ein verbindliches „Dialoggespräch", das jeder Schulaufsichtsbeamte mit allen Schulen seines Zuständigkeitsbereiches zur

Auswertung der bislang geleisteten Schulprogrammarbeit führen muss. Hintergrund für diese Bilanzgespräche sind die vorgelegten Schulprogramme und begleitende Berichte der Schulen. Ergebnisse der Bilanzgespräche sollen im Sinne des Kontraktmanagements (s.o.) gemeinsame Zielvereinbarungen zur Weiterarbeit am Schulprogramm sein.

Externe Evaluation der Arbeit von Schulen

Nicht immer wird es im Rahmen eines effektiven Qualitätssicherungssystems genügen, von außen die Qualität des internen Qualitätsmanagements und der internen Evaluation zu überprüfen. Notwendig sind auch Informationen darüber, inwieweit Schulen inhaltliche Mindeststandards, also beispielsweise Lernergebnisse der Schülerinnen und Schüler erreichen. („Wie gut sind die Ergebnisse und die Arbeit einer Schule?"). Hier erlangen in den letzen Jahren in Deutschland unterschiedliche Formen der sog. „überregionalen Lernerfolgsmessung", also Leistungstest und vergleichbare Ansätze, eine immer stärkere Bedeutung. Vielfach wird darüber hinaus die externe Evaluation einzelner Schulen durch die Schulaufsicht vorgeschlagen und in unterschiedlichen Modellversuchen (vgl. LSW, 1997; NLI, 2000; KIRCHHOFF, 2000) auch bereits erprobt.

Entsprechende Ansätze orientieren sich dabei in der Regel an Verfahren zur Schulinspektion, wie sie in vielen Ländern bereits seit langem praktiziert werden (vgl. HOPES, 1997). Bei der Organisation dieser Schulinspektion gibt es eine große Variationsbreite, was die Rolle und Stellung der externen Evaluatoren angeht. Teilweise wurden unabhängige Evaluationsbehörden eingerichtet (wie beispielsweise in England), teilweise wird die externe Evaluation durch die unmittelbar zuständigen Aufsichtsbehörden durchgeführt (wie beispielsweise in Belgien). Dennoch verläuft die Schulinspektion in der Regel nach einem vergleichbaren Muster. Die Gestaltung und

Durchführung der Inspektion erfolgt durch staatliche bzw. staatlich ernannte Schulinspektoren. Jede Schule wird regelmäßig (alle zwei bis vier) Jahre von einem Inspektionsteam, dem teilweise Laien (sachkundige Bürger oder Eltern) angehören, extern evaluiert. Diese Evaluation besteht aus einer vorbereitenden Phase, in der Daten und Dokumente der Schule (in der Regel auch Ergebnisse zentraler Leistungsüberprüfungen) ausgewertet und analysiert sowie Gespräche mit den Schulleitungen geführt werden. In manchen Ländern werden Schulen in dieser Phase auch aufgefordert, interne Evaluationen und Selbstbewertungen durchzuführen.

Bei einem mehrtägigen Schulbesuch erheben die externen Evaluatoren in der Regel weitere Daten durch Gespräche mit Kollegiumsvertretern, Eltern, Schülern und teilweise bei Unterrichtsbesuchen. Gegenstand der Untersuchungen sind entweder die gesamte Organisation (bei der sog. full inspection) oder themenbezogene Teilbereiche. Die Ergebnisse der Evaluation werden von den Evaluatoren in mündlichen und schriftlichen Berichten zusammengefasst und mit der Schule diskutiert. In den meisten Ländern erfolgt darüber hinaus eine Veröffentlichung der Ergebnisse zumindest gegenüber den Eltern und Schülern. Die Schulen sind danach aufgefordert, aus den Ergebnissen Konsequenzen zu ziehen und konkrete Arbeitsvorhaben zu formulieren. Zumindest bei den Schulen, bei welchen erhebliche Schwierigkeiten festgestellt wurden, kommt es in relativ geringem zeitlichen Abstand zu erneuten Schulbesuchen durch die Inspektoren ('Follow-up evaluation').

Beispiel: Möglicher Ablauf einer externen Evaluation

- Bildung einer koordinierenden Projektgruppe innerhalb der Schule,
- Entscheidung über die Fragestellungen und Untersuchungsbereiche in der Schule,
- Durchführung einer Selbstbewertung innerhalb der Schule,

- interne Diskussion über die Ergebnisse der Selbstbewertung,
- Auswahl einer externen Evaluatorengruppe unter Beteiligung der Schulaufsicht (ca. 3 bis 5 Personen),
- Vereinbarungen zwischen Institution und Evaluatorengruppe über den Ablauf der Evaluation,
- Analyse von zur Verfügung stehenden Daten durch die Evaluatorengruppe,
- Feldphase mit Interviews und Informationsgesprächen durch die Evaluatorengruppe (ca. 2–3 Tage),
- kurzfristige, mündliche Rückmeldung der Erkenntnisse an die Schule,
- schriftlicher Bericht der Evaluatorengruppe,
- Workshop mit den Mitgliedern der externen Evaluatorengruppe,
- Erstellen eines Entwicklungskonzepts und Arbeitsplans innerhalb der Schule.

Externe Evaluation von Schulen in dieser Form bedeutet einen erheblichen Ressourcenaufwand. Sie sollte sich deshalb auf besondere Anlässe und Fälle beschränken. Diese Notwendigkeit könnte sich ergeben, entweder weil der vorliegende Schulentwicklungsprozess ein solches schulaufsichtliches Engagement nahelegt (beispielsweise offensichtliche „Qualitätsmängel") oder weil von der externen Evaluation Erkenntnisse und Ergebnisse zu erwarten sind, die über die einzelne Schule hinausgehende Bedeutung haben (beispielsweise externe Evaluation modellhafter Innovationen).

Arbeit mit Schulnetzwerken

Eine weitere Form aktueller Handlungsansätze der Schulaufsicht ist, Netzwerke von Schulen zu initiieren. Durch die Vermittlung von Kontakten zwischen Schulen, beispielsweise durch Austausch im Rahmen von Schulleiterdienstbesprechungen, Bezirksfachkonferenzen oder zwischen Schulen mit vergleichbaren inhaltlichen Profilen soll dabei der schulübergreifende Austausch über die Gestaltung von Schul- und Qualitätsentwicklung initiiert sowie ein Beitrag zur schulübergreifenden Standardsicherung geleistet werden. Regelmäßig tagende Schulnetzwerke bieten in diesem Sinne die Möglichkeit zu:

- schulübergreifendem Austausch über erreichte Ergebnisse („Kontrasterfahrungen"),
- gemeinsamer inhaltlicher Weiterentwicklung von Projekten,
- fachlicher Förderung der schulischen Arbeit durch Fortbildung,
- Zielvereinbarungen zwischen Schulaufsicht und Schulen,
- gemeinsamem Lernen an der veränderten Rolle der Schulaufsicht.

Das folgende Beispiel zeigt Themen und Arbeitsfelder eines Netzwerkes von Grundschulen. Über einen Zeitraum von rund drei Jahren hinweg wurden in dieser sog. regionalen Projektgruppe unter Beteiligung der Schulaufsicht Erfahrungen über Schulentwicklungsarbeit ausgetauscht und gemeinsame Vorhaben bearbeitet.

Beispiel: Arbeitsfelder und Themenbereiche eines Netzwerkes von Grundschulen

Entwicklungsprozesse in den beteiligten Schulen:

- Erfahrungen in der Einstiegsphase
- Krisenbewältigung
- Kollegiumstagungen
- Entwicklung eines Planungsinstruments
- Evaluation „offene Pause"
- Förderkonzept
- Evaluation integrativer Arbeit

Arbeitsweise der Gruppe:
- Ziele / Aufgaben
- Rollenklärung
- Arbeitsweise
- Arbeitsplanung

Schulbesuche:
- Rundgang durch die Klassen
- Besichtigung des Schulgebäudes / Sammeln von Ideen zur Raumgestaltung
- Offener Unterricht als Schwerpunkt des Schulkonzepts

Fortbildungen:
- Kollegiale Beratung
- Evaluation

Rolle der Schulaufsicht:
- Rolle von Schulaufsicht zu Beginn von Entwicklungsprozessen
- Handlungsfelder von Schulaufsicht
- Rückmeldungen der Rollenwahrnehmungen der Schulen im Prozessverlauf

(Quelle: REGIONALE PROJEKTGRUPPE GRUNDSCHULEN, 1997, S. 7, gekürzt)

Schulaufsichtsentwicklung braucht Zeit

Veränderungen von Kulturen brauchen Zeit. Der Besuch des Schulrats bleibt deshalb wohl auch noch in absehbarer Zukunft ein Tag, der in Kollegien Unruhe und Anspannung auslöst. Das „strukturell gestörte“ Verhältnis zwischen Schulen und Schulaufsicht erweist sich vielfach starrer, als allen Beteiligten lieb sein kann. Dies betrifft sowohl Vorbehalte von Schulen gegenüber Schulaufsichtsbeamten in „neuen Rollen“ als auch die Bereitschaft der Schulaufsicht, sich von alten Handlungsmustern zu verabschieden. Wer hier vorankommen will, braucht Beharrlichkeit und Geduld. Erfahrungen aus Schulentwicklungsprojekten (vgl. bspw. LSW/MSW, 1998) zeigen, dass deshalb „vertrauensbildenden Maßnahmen" zwischen Kollegien und Schulaufsicht eine hohe Bedeutung zukommt. Notwendig sind Räume, in denen man mit veränderten Arbeitsformen experimentieren kann und wo Erfahrungen gemeinsam reflektiert werden, z. B. hierarchieübergreifende Fortbildung, gemeinsame Entwicklungsprojekte, Auswertung der Zusammenarbeit zwischen Schulaufsicht und Schule.

Literatur

ALLMANN, VOLKER: Schulaufsicht – mehr oder weniger unmittelbarer Staat in den Schulen? In: Pädagogische Führung 1/2000, S. 25–28.

ALTRICHTER, H. / POSCH, P. / STRITMATTER, A.: Selbstevaluation von Schulen – Welche Rolle hat die Schulaufsicht? In: Erziehung und Unterricht. H. 7/8 1999, S. 532–548.

AVENARIUS, H.: Schulische Selbstverwaltung – Grenzen und Möglichkeiten. In: Recht der Jugend und des Bildungswesens 42 (1994) 2, S. 256–269.

BARGEL, TINO: Funktionen und Aufgaben der Schulaufsicht – einige Erfahrungen, Thesen und Fragen zur Diskussion. In: HELP (Hrsg.): Schule zwischen Autonomie und Aufsicht. Beiträge aus dem Arbeitskreis Qualität von Schule. Heft 8. Wiesbaden 1998, S. 21–23.

BARTNITZKY, H.: Qualitätsentwicklung – Was kann die Schulaufsicht beitragen? Erfahrungen aus einem Projekt der Bezirksregierung Düsseldorf. In: Schulverwaltung NRW (1997) 8, S. 198–200.

BAUMERT, J. / LESCHINSKY, A.: Berufliches Selbstverständnis und Einflussmöglichkeiten von Schulleitern. Ergebnisse einer empirischen Schulleiterbefragung. In: Zeitschrift für Pädagogik 32 (1986) 2, S. 247–266.

BECKER, H.: Die verwaltete Schule. Gefahren und Möglichkeiten. Original 1954. Wiederveröffentlicht in: Recht der Jugend und des Bildungswesens. 41 (1993) 2, S. 130–147.

BESSOTH, H.: Lehrerberatung – Lehrerbeurteilung. Neuwied 1994.

BIEWER, W.: Steuerung und Kontrolle öffentlicher Schulen. Neuwied 1994.

BILDUNGSKOMMISSION NRW: Zukunft der Bildung – Schule der Zukunft. Neuwied 1995.

BITSCHNAU, K. / SCHRATZ, M.: Wirksamkeit von Managementbildung im Schulwesen. Herausgegeben vom Ministerium für Bildung, Wissenschaft und Kultur. Innsbruck 2000.

BURKARD, C.: Chancen nutzen statt Rituale pflegen. Tipps im Umgang mit der Schulaufsicht. In: Pädagogik 51 (1999) 11, S. 21–23.

BURKARD, C.: Schulentwicklung durch Evaluation? Handlungsmöglichkeiten der Schulaufsicht bei der Qualitätsentwicklung und -sicherung von Schule. Frankfurt/M 1998.

DASCHNER, P. / ROLFF, H.-G. / STRYCK, T.: Schulautonomie – Chancen und Grenzen. Weinheim, München 1995.

DEUTSCHER BILDUNGSRAT: Empfehlungen der Bildungskommission zur Reform von Organisation und Verwaltung im Bildungswesen. Teil 1: Verstärkte Selbständigkeit der Schule und Partizipation der Lehrer, Schüler und Eltern. Bonn 1973.

DEUTSCHER JURISTENTAG (Hrsg.): Schule im Rechtsstaat, Band I – Entwurf für ein Landesschulgesetz, Bericht der Kommission Schulrecht des Deutschen Juristentages. München 1981.

GAMPE, H.: Kooperation zwischen Schulaufsicht und Schule. Untersuchungen zur pädagogischen und rechtlichen Schulratsfunktion. Neuwied 1994.

HECKEL, H. / AVENARIUS, H.: Schulrechtskunde. 6. Auflage. Neuwied; Darmstadt 1986.

HESSISCHES LANDESINSTITUT FÜR PÄDAGOGIK (HELP) (Hrsg.): Schule zwischen Autonomie und Aufsicht. Wiesbaden 1998.

HOPES, CLIVE: Assessing, evaluating and assuring quality in schools in the European union. Frankfurt 1997.

KIENBAUM UNTERNEHMENSBERATUNG GMBH: Reorganisation der Staatlichen Schulaufsicht des Landes Nordrhein-Westfalen. Düsseldorf 1994.

KIRCHHOFF, D.: Externe Evaluation der Einzelschule. In: Niedersächsisches Landesinstitut (Hrsg.): Externe Evaluation. Hildesheim 2000, S. 29–33.

KOHLHOFF, WALTHER: Kontrakte zwischen Schulleitungen und Schulaufsicht. Eine verlässliche Basis für die Arbeitsbeziehungen zwischen Schulen und Dezernenten. In: Buchen / Horster / Rolff (Hrsg.): Schulleitung und Schulentwicklung. Stuttgart 1999. H 2.1.

LANDESINSTITUT FÜR SCHULE UND WEITERBILDUNG (LSW) (Hrsg.): Lernfall externe Evaluation. Beispiele und Materialien aus der Fortbildungsmaßnahme Schulentwicklung und Schulaufsicht. Soest 1997.

LANGE, H.: Schulautonomie. Entscheidungsprobleme aus politisch-administrativer Sicht. In: Zeitschrift für Pädagogik. 41 (1995) 1, S. 21–37.

LESCHINSKY, A.: Der verfehlte Auftrag. In: Boettcher, W. / Bremerich-Voss (Hrsg.): Kollegiale Beratung in Schule, Schulaufsicht und Referendarsausbildung. Frankfurt/M. 1987.

LIKET, T.: Freiheit und Verantwortung. Das niederländische Modell des Bildungswesens. Gütersloh 1993.

MINISTERIUM FÜR SCHULE UND WEITERBILDUNG, WISSENSCHAFT UND FORSCHUNG (MSWWF): Anforderungsprofile. Schulleitung, Seminarleitung, Schulaufsicht. Frechen 1999.

MINISTERIUM FÜR SCHULE UND WEITERBILDUNG, WISSENSCHAFT UND FORSCHUNG (MSWWF): Schulprogramm – eine Handreichung. Frechen 1998.

MINISTERIUM FÜR SCHULE UND WEITERBILDUNG / LANDESINSTITUT FÜR SCHULE UND WEITERBILDUNG (Hrsg.): Schulentwicklung und Schulaufsicht - Qualitätsentwicklung und Qualitätssicherung von Schule (QUESS). Ergebnisse und Materialien aus der Fortbildungsmaßnahme. Soest 1998.

NIEDERSÄCHSISCHES LANDESINSTITUT: Externe Evaluation. Hildesheim 2000.

REGIONALE PROJEKTGRUPPE GRUNDSCHULEN, Köln: Schulentwicklung und Schulaufsicht. Qualitätsentwicklung und -sicherung von Schule. Abschlussbericht. Soest 1997.

RICHTER, I.: Theorien der Schulautonomie. In: Recht der Jugend und des Bildungswesens 42 (1994) 1, S. 5–16.

RICHTER, I.: Die Steuerung des Schulwesens durch Autonomie. In: Neue Sammlung, H. 1/1999, S. 81–95.

ROLFF, H.-G.: Schulaufsichtsentwicklung in Deutschland. Ein vergleichender Bericht aus Sicht des nordrhein-westfälischen QUESS-Projekts. In: Ministerium für Schule und Weiterbildung / Landesinstitut für Schule und Weiterbildung (Hrsg.): Schulentwicklung und Schulaufsicht – Qualitätsentwicklung und Qualitätssicherung von Schule. Soest 1998, S. 95–120.

ROLFF, H.-G.: Schulaufsicht und Administration in Entwicklung. In: Altrichter, H. / Schley, W. / Schratz, M. (Hrsg.): Handbuch zur Schulentwicklung. Innsbruck, Wien 1998, S. 190–217.

ROSENBUSCH, H. S.: Von einer bürokratischen zu einer pädagogischen Schulaufsicht. In: Schulverwaltung Niedersachen (1996) 5, S. 131–137.

ROSENBUSCH, H. S.: Lehrer und Schulräte. Ein strukturell gestörtes Verhältnis. Bad Heilbrunn 1994.

SCHRATZ, M.: Die Rolle der Schulaufsicht in der autonomen Schulentwicklung. Innsbruck 1996.

STEFFENS, U. / BARGEL, T. (Hrsg.): Qualitätsentwicklung und Qualitätssicherung von Schulen. Wiesbaden 1999.

STEFFENS, U. / BARGEL, T.: Erkundungen zur Qualität von Schule. Neuwied 1993.

STRITMATTER, T.: Die Aufgaben sehen und funktional wahrnehmen. In: Verband Bildung und Erziehung (Hrsg.): Schulaufsicht zwischen Bürokratie und Pädagogik. Bonn 1995, S. 33–54.

WEISHAUPT, HORST (Hrsg.): Qualitätssicherung im Bildungswesen. Erfurt 2000.

WIELPÜTZ, H.: Schulentwicklung und untere Schulaufsicht – Steuerleute auf neuem Kurs? In: Schulverwaltung NRW 5/2000, S. 136–139.

BOTHO VON KOPP

Qualität von Schule in Japan: Der Preis des Erfolgs, Krisenbewusstsein und Reformwille

Reformbedarf eines erfolgreichen Modells

Der Wandel, der sich im Kontext des gegenwärtigen Globalisierungsschubes heute in Industrie und Gesellschaft Japans vollzieht, wird gelegentlich als „dritte Öffnung" des Landes apostrophiert. Ähnlich spricht man auch davon, dass sich das japanische Bildungssystem in der Phase der „dritten Reform" befinde (MONBUSHÔ, 2000, S. 46). Das stellt eine Anspielung dar auf die Meiji-Revolution von 1868, die den Aufbau eines modernen, formalen Bildungssystems nach europäisch-amerikanischem Muster initiierte, sowie auf den gesellschaftlichen und wirtschaftlichen Neubeginn nach dem Zweiten Weltkrieg, als das Bildungssystem auf Initiative der amerikanischen Besatzung und nach US-amerikanischem Vorbild umfassend reformiert wurde.[1] Ob die gegenwärtige „dritte" Reform tatsächlich eine solche Tragweite wie die beiden genannten haben wird, ist noch nicht abzusehen. Die Bezugsetzung auf sie illustriert jedoch zumindest, welches Ausmaß den Problemen des gegenwärtigen Bildungssystems und welcher Stellenwert der laufenden Reform zugeschrieben werden.

[1] Bezogen auf das Bildungssystem als „dritter Reform" ergibt sich sowohl eine zusätzliche Legitimation als auch eine deutliche Distanz: Nicht zuletzt ist mit diesem Bild auch impliziert, dass es sich bei der heutigen großen Reform um die erste handelt, die völlig autonom, weder unter dem Druck „ungleicher Verträge" noch fremder Okkupation von Japan selbst durchgeführt wird.

Von außen gesehen ist die Einschätzung des japanischen Bildungssystems, seiner Stärken und Schwächen, schwierig, oft subjektiv und stark schwankend. Diese Ambivalenz veranlasste einen Beobachter schon früh, das japanische Bildungssystem als gleichzeitig „das beste und das schlechteste der Welt“ (WORONOFF, 1982) zu apostrophieren. Nachdem das japanische Bildungssystem in den 1970er-Jahren weltweit oft als Modell angesehen wurde, ist man heute daran gewöhnt, umgekehrt, aber gleichfalls einseitig, mit Schreckensnachrichten über Repressivität des Systems, simplen Vorstellungen über dumpfes Auswendiglernen und Schülerkriminalität konfrontiert zu werden, und auch seriöse deutsche Medien neigen dazu, diese Themen übertrieben und reißerisch zu behandeln. Für die Bildungsdiskussion in den USA, wo man nicht zuletzt im Vergleich mit der japanischen Schule 1983 eine „Nation at Risk: The Imperative for Educational Reform“ diagnostizierte, stellt das japanische Bildungssystem zwar nicht mehr den „Angstgegner“ wie damals dar, aber in mancher Hinsicht immer noch den wahrscheinlich wichtigsten internationalen Vergleichsbezug.

Japan gehört zu den Ländern, in denen die Expansion von Sekundar- und Hochschulbesuch verhältnismäßig früh einsetzte und besonders konsequent und schnell – und damit nach den Kriterien des damaligen Expansionsdenkens erfolgreich – voranschritt. Seit Mitte der 1970er-Jahre besuchen über 90 % eines Jahrgangs und damit fast alle Jugendlichen eine Oberschule. Die überwiegende Mehrheit dieser Jugendlichen schließt die Schule auch ab. Der Hochschulsektor wuchs anfänglich ebenfalls rapide, und die Studierenden in universitären und nichtuniversitären Hochschulen kamen schon 1972 auf knapp 30 % der entsprechenden Altersgruppe. Heute liegt der Anteil derer, die ein Hochschulstudium aufnehmen, bei knapp 50 % (MONBUSHÔ, 1999, S. 30), bei Hinzurechnen weiterer hochschulischer Formen steigt dieser Anteil weit darüber (vgl. von KOPP, 1999). So gesehen, also unter dem

Aspekt der „Qualität der Quantität“ hat Japan ein enorm erfolgreiches Bildungssystem vorzuweisen.

Auch die Qualität der kognitiven Leistung der japanischen Schule fand weltweite Beachtung, seitdem internationale Vergleichsuntersuchungen (IEA, TIMSS) immer wieder das hohe Leistungsniveau japanischer Schüler in Mathematik und Naturwissenschaften feststellten. Da in Japan landesinterne, standardisierte Qualitätsmessungen der Schülerleistungen schon sehr früh durchgeführt wurden,[2] und der Mathematikunterricht ein notorisch hohes Niveau aufweist, war man von den Ergebnissen der internationalen Vergleiche kaum überrascht worden. Problematisiert hat man dagegen die Tatsache, dass in den jüngeren Untersuchungen die jüngeren Schüler der 8. Jahrgänge noch besser abschnitten als die der 12. Jahrgänge und man hat dies so interpretiert, dass in den unteren Jahrgängen der Anteil der reinen Wissensaufgaben, in den oberen Jahrgängen dagegen der Anteil der Problemlösungsaufgaben und erhöhter Anforderungen an Flexibilität und Phantasie überwiege und entsprechende Defizite festzustellen seien. Das bedeutet zwar keineswegs, dass die Mathematikerfolge auf dumpfem Paukunterricht beruhen würden. Im Gegenteil haben jüngste Auswertungen z. B. von Videoaufzeichnungen des Mathematikunterrichts in Japan, den USA und Deutschland gezeigt, dass der japanische Unterricht sogar in weit höherem Maße problemorientiert ist als in den beiden anderen Ländern (siehe: SCHÜMER 1999). Generell ist man jedoch überzeugt, dass die vergleichsweise hohen schulischen Ansprüche an Mathematik in den oberen Jahrgängen von vielen Schülern nicht erfüllt werden können und zum Aufbau eines übermäßig hohen Leistungsdrucks beitragen.

[2] Im Jahre 1956 wurde erstmals nach dem Krieg vom Ministerium für Schulwesen ein landesweiter large-scale Evaluationstest des Mathematik- sowie des muttersprachlichen Unterrichts durchgeführt, 1957 folgten die Fächer Naturwissenschaften und Social studies. Ministry of Education: Mathematics Achievement Test in Japan, Tokyo 1958.

Alles in allem war das bisherige System sehr erfolgreich in der Bereitstellung von Absolventen, die ein hohes Niveau an allgemeinem (Fakten-)Wissen und einer extrinsischen Leistungsmotivation aufwiesen. Schon längst ist jedoch deutlich geworden, dass die heutige (und vor allem die morgige) Gesellschaft und Volkswirtschaft in ihrer internationalen Verflechtung andere Bildungsleistungen erfordern als die Zeit der relativ simplen Produktionsexpansion nach dem Zweiten Weltkrieg: „Von 1950 bis in die frühen 1980er-Jahre hinein waren Japans Schulen eindeutig erfolgreich mit ihrem Beitrag zu den nationalen Zielen, das Volkswirtschaftsprodukt zu erhöhen und gegenüber dem Westen aufzuholen. Heute können sie immer noch gute Teamarbeiter und effiziente ökonomische ‘Fußsoldaten’ produzieren, aber dies scheint nicht mehr das vorrangige Bedürfnis zu sein“, wie ein ausländischer Beobachter in einer japanischen Zeitung bemerkte.[3]

Zusammenfassend kann man zu der paradox scheinenden Schlussfolgerung kommen, dass es gerade die großen Erfolge des bisherigen Systems sind, die eine Reihe von grundlegenden Problemen erst hervorgebracht und verschärft haben bzw. sich unter sich wandelnden Bedingungen als kontraproduktiv erweisen und seine Transformation sogar in besonders hohem Maße erschweren. Eine „gute Schule“ war bisher in Japan eine Schule, die – am eigentlichen offiziellen Bildungsauftrag vorbei und in schweigender Kooperation bzw. Arbeitsteilung mit dem inoffiziellen Paukschulsystem von Juku und Yobikô – Absolventen produzierte, die erfolgreich die Zulassungsprüfungen zu einer renommierten weiterführenden Schule (Hochschule) bestanden. Heute geht es definitiv nicht mehr darum, die Qualität solcher „guten Schulen“ weiter zu verbessern, sondern unter Berücksichtigung der Krisensymptome muss der Begriff von „guter Schule“ neu definiert und es müssen Maßnahmen gefunden und implementiert werden, eine solche Schule zu realisieren.

[3] Smith, Charles: Education – to reform or not to reform? In: The Daily Yomiuri, 23.8.95, S. 3.

Schulprobleme als Krisensymptom

Wie oben schon angedeutet sind schwache Ergebnisse in internationalen Leistungsvergleichen, aber auch ständiger Stundenausfall, Lehrermangel, frühes „burn-out“ von Lehrern, Unterfinanzierung des Bildungssystems, „Überlast der Hochschulen“ und ähnliche typische Probleme mancher Länder nicht das Thema, wenn man sich in Japan heute um die Qualität von Schule sorgt.

Typischerweise dreht sich in Japan die Rezeption der Öffentlichkeit von Schule und ihrer Krise vor allem um die Probleme der Gewalt in der Schule, deviantem Verhalten, Schulangst, Schulverweigerung und Zusammenbruch des Klassenverbandssystems mit seinen sozial-ethischen Bindungen als Modell späterer Sozialbeziehungen in der „großen Gesellschaft“. *Gewalt* unter Jugendlichen in verschiedenen Arten ihrer Äußerung etwa wird in Japan wie anderswo als (zumindest partielles) Versagen der Schule, daneben aber auch als Indiz für entsprechende Probleme in der Gesellschaft verstanden, die auch in der Schule zum Ausdruck kommen. Dass Jugendprobleme in Japan besonders sensibel und generell als Schulprobleme wahrgenommen werden, hat verschiedene Gründe und hängt nicht zuletzt mit dem (zeitlich und inhaltlich) expansiven Erziehungsanspruch von Schule zusammen.

Rein zahlenmäßig gesehen sind Gewalt in der japanischen Schule, Schulverweigerung und andere Probleme ein eher eng begrenztes, ja man könnte fast sagen: quantitativ gesehen marginales Problem. Schon vor Jahren stellte ein Beobachter fest, dass die landesweite jährliche Zahl der Angriffe auf Lehrer in japanischen Schulen in Japan um über die Hälfte geringer sei als die Zahl der Angriffe auf Lehrer alleine in New Yorker Schulen in einem halben Jahr (ROHLEN, 1983, S. 297). ROHLEN nannte damals für die USA insgesamt 70 000 registrierte Fälle, für Japan im selben Jahr (1971) 161 Fälle. Zwar ist New York ein sehr spezieller Bezugspunkt, aber er verdeutlicht wohl gut die quantitativen Relationen. Dabei haben einige Gewalterscheinungen in der japanischen Schule zwar im Laufe der Zeit absolut zugenommen (einige haben aber auch zahlenmäßig abgenommen), aber anteilmäßig kommen sie immer noch nicht auf alarmierende Werte. 1988 wurden zum Beispiel 915 Lehrer an japanischen Mittelschulen Opfer von (leichten bis schweren) Gewalttaten durch Schüler, das waren 0,32% aller Lehrer dieses Schulstufe, an der Oberschule waren es 0,07% der dortigen Lehrerschaft. Im selben Jahr wurden 0,04% der Mittelschüler als Opfer von Gewalt durch Mitschüler registriert. Terrorisieren und Ausgrenzen von Mitschülern (Ijime) und Schulverweigerung verzeichnen ähnliche Größenordnungen (von KOPP, 1997).

Eine Reihe jüngster Ereignisse wie z.B. zwar vereinzelte, aber extrem kaltblütige und scheinbar sinnlose Morde begangen von Schulkindern haben das schon längst vorhandene Krisenbewusstsein schlagartig verschärft (und die Bildungspolitik, die bisher immerhin über 15 Jahre an der laufenden Reform arbeitete, unter zunehmenden Reformdruck gestellt).

Über die vordergründigen, plausiblen Motive der Besorgnis, die sich aus dem erwähnten expansiven Erziehungsanspruch und der dominierenden Stellung der Schule hinaus ergeben, rührt die heutige Besorgnis jedoch auch an tiefer liegende Problemschichten. Bei der Suche nach Problemlösungen stößt man auf beunruhigende Weise an Grenzen dessen, was man in den Jahrzehnten des Nachkriegssystems als selbstverständliche Ziele und Werte schulischer Erziehung und Bildung ansah. Zum Beispiel stellt sich das aktuelle Thema des „Ijime", der Terrorisierung von Mitschülern, dann als Symptom einer Krise der Werte von Gruppenzwang (aber auch: Gruppengeborgenheit) einerseits und abweichendem Verhalten andererseits, also als generelles Problem von Diversifizierung und Pluralisierung der Gesellschaft dar. Auch das – zahlenmäßig noch viel marginalere – Problem des „Zusammenbruchs des Klassenverbandes" weist in diese Richtung, wo grundlegende Konstruktionswerte bisheriger sozialer Ordnung bedroht sind. Das in jüngster Zeit aufgetretene Phänomen des Dating von Schülerinnen für Geld ist ein Symptom sowohl für die Relativierung von überkommenen Moralnormen als auch ein Symptom für eine exzessive Konsumorientierung (denn wie man weiß, dient das so verdiente Geld der Befriedigung von trendigen Konsumwünschen). Es zeigt sich bei diesem Phänomen deutlich, dass die gesellschaftliche Rolle der Schule mit ihrer bisherigen stark antikonsumerischen („protestantischen, arbeitsethischen“) Wertestruktur[4] einfach nicht mehr wichtig genommen und die Strafe für die Übertretung ihrer Normen, nämlich eine ungünstige Position in der gakureki-Hierarchie und der entsprechenden Berufs- und Lebenslaufchancen zumindest in den konservativen Strukturen der Gesellschaft nicht mehr gefürchtet wird.

Einen Auslösereffekt hinsichtlich einer grundsätzlichen Problematisierung der Erziehungsleistung des Schulsystems hatten auch die Mordanschläge der Aum-Sekte mit Giftgas in der Tokyoter Untergrundbahn vor einigen Jahren provoziert. Erstaunlicherweise hatte sich gezeigt, dass diese Sekte in besonderem Maße auch Absolventen und Absolventinnen von schulischen und hochschulischen Renommierinstituionen also Einrichtungen höchster Qualität – angezogen hatte. Dieses Phänomen wurde in der japanischen Diskussion von Kritikern des Schulsystems außer einem sozusagen passiven Aspekt des Mangels, nämlich an Erziehung – auch der aktiven Funktion eines deformierten Systems so gedeutet, dass es wegen seiner Deformationen gerade auch intelligente Kinder zu „Feinden der Gesellschaft“ erziehe.

Abgesehen von Devianz oder Disziplinproblemen kommt als weiterer Aspekt der Schulproblematik hinzu, dass die japanische Ganztagsschule, die von praktisch allen Jugendlichen bis zum Oberschulabschluss durchlaufen wird, mit ihrem un-

---

[4] Die Argumente für die Beibehaltung der Schuluniformen verweist immer wieder gerade auf dieses Moment, nämlich den Konsumwettbewerb der Trendkleidung aus der Schule herauszuhalten.

mittelbaren und mittelbaren enorm expansivem Zeitanspruch (VON KOPP, 1990), die Kinder und Jugendlichen von außerschulischen Lebenserfahrungen abschneidet. Eine zusätzliche Verengung aller Interessen auf die Aneignung kognitiver Schulziele, die (gegen den offiziellen Lehrplan) das bisherige System der starken Examensorientierung vieler (aller ambitionierten „guten“) Schulen provozierte, schränkt nicht nur die Möglichkeiten unterschiedlicher Erfahrungen ein, sondern die Disposition zum flexiblen Umgang mit Variabilität und Pluralität selbst. Zwar räumt die japanische Schule der erziehenden Funktion, der Entwicklung von Sozialbeziehungen und der Konstruktion eines komplexen Erziehungsraumes großes Gewicht bei und sie bemüht sich, möglichst viele curriculare und außercurriculare Aktivitäten anzubieten, die diese Funktion erfüllen, aber offensichtlich können diese die zunehmende Entfremdung zwischen einer immer künstlicher werdenden Schulwelt und der sich immer stärker diversifizierenden gesellschaftlichen Welt „draußen“ nicht aufhalten. Vielfältige Untersuchungen haben bestätigt, dass viele Kinder nicht fähig sind, einfachste Tätigkeiten des täglichen Lebens auszuführen und trotz einer sozialen Sensibilisierung im erzieherischen Raum der Schule oft die sozialen Beziehungen in und mit anderen Räumen nur mangelhaft leisten können.

Was die Problematik des Anspruchsniveaus und des Leistungsdrucks, sei es im Examenssystem, sei es im „normalen“ System des täglichen Unterrichts, angeht, so hat sich schon lange gezeigt, dass das in internationalen Vergleichen immer wieder bestätigte hohe Wissensniveau von vielen Schülern nicht – oder wie man annehmen muss nur mit größter Anstrengung – erreicht und gehalten werden kann. Untersuchungen haben gezeigt, dass in der Grundschule rund 27 % der Schüler nur etwa die Hälfte der Unterrichtsinhalte verstehen (3,3 % verstehen „nicht viel“, 0,9 % „fast gar nichts“). Dieser Anteil wächst in der Mittelschule auf 35 % und in der Oberschule auf fast 40 % (MONBUSHÔ, 2000, S. 98). Diese Ergebnisse verdeutlichen zwei Aspekte: Zum einen ist identifizierte „*Qualität der Schule*“ über Leistungsergebnisse relativ und beruht auch auf unterschiedlichen „Kosten“ (von Lern-, Zeit- und Geldeinsatz), zum anderen handelte es sich beim bisher weitgehend (bis zum Abschluss der Mittelschule früher völlig) undifferenzierten Schulsystem, das allen Absolventen einen formal gleichwertigen Abschluss vermittelt, um eine Fiktion. Die unterschiedlichen Lernvoraussetzungen und -interessen weder korrigieren zu können oder zu wollen noch sie überhaupt anzuerkennen, läuft letztlich dem demokratischen Anspruch des Schulsystems als comprehensive system zuwider.

Last but not least sind Qualität und Leistung des Schulsystems auch als mikro- (individual-) ökonomische wie auch als makroökonomische Investitionsgüter in den letzten zwei Jahrzehnten stark gesunken. War die Wirtschaft früher gerne bereit, hochmotivierte, leistungsbereite, wenig oder gar nicht fachspezialisierte Schul- und Hochschulabgänger aufzunehmen und firmenintern in ihre berufliche Karriere zu investieren, so wird heute nicht mehr nur passive Leistungsbereitschaft, sondern (auch individuell) kreative Flexibilität, nicht mehr geringe Festlegung durch frühe Spezialisierung, sondern ein gewisses Maß an Professionalisierung gefordert. Auf der individuellen Ebene lag der frühere rationale Sinn der „Examenshölle“ darin, dass ihr erfolgreiches Durchlaufen eine Investition (eine Investition mit Aufwendungen sowohl in finanzieller als auch in Hinsicht auf Lern- und Entsagungsbereitschaft) darstellte, die sich, je nach Abschneiden, in Form einer mehr oder weniger klaren Hierarchie von beruflichen Einstellungschancen abbildete. Dieses Gefüge hat sich schon mit zunehmender Bildungsexpansion, aber auch dem Wandel des Beschäftigungssystems und seiner Anforderungen (Krise, technologischer und ökonomischer Wandel) sowie schließlich enorm steigenden Studienkosten bei abnehmender Sicherheit ihrer „Rendite“ gelockert.

Genau betrachtet sind weder die Erfolge noch die Probleme der japanischen Schule auf diese alleine zurückzuführen. Neben ihr existiert ein „Schattenschulsystem“ von privaten Nachhilfe- und Examens-Vorbereitungsschulen, denen ein nicht unbeträchtlicher Teil des hohen Leistungsniveaus der Schüler zu verdanken ist. Die Schulen haben dieses System bisher entweder ignoriert, es für sich die „Schmutzarbeit“ (des Einpaukens) machen lassen oder sich ihm gar untergeordnet (teilweise seine Tests übernommen, was vor kurzem vom Ministerium für die öffentlichen Schulen verboten wurde). Aus diesem Grunde ist es angebracht, in Japan nicht von einem, sondern von der Existenz zweier „symbiotisch-konkurrierender“ Schulsysteme zu sprechen. Dies ist das Ergebnis einer spezifischen Funktionskoppelung zwischen Schule und Beschäftigungssystem, das auf der quasi-objektiven Qualitätsmessung der Ergebnisse von Zulassungs-Leistungstests beruht. Insoweit die offizielle Bildungsplanung die Faktizität des Schattenschulsystems und der Funktionskoppelung ignoriert hat, hat sie ein „normales“ Curriculum und ein „normales“ Schulleben als pädagogischen Raum mit „normalen“ und autonomen pädagogischen Vorgaben lediglich inszeniert.

Selbst wenn man in den vergangenen zwei Jahrzehnten in den Medien, der Fachpresse, von Seiten der Bildungsverwaltung und in persönlichen Aussagen von Pädagogen bestimmte Probleme wie die „Examenshölle“, Uniformismus usw. verbal durchaus permanent problematisierte, scheinen erst die allerjüngsten Reformbemühungen komplexe Mechanismen und Strategien einzuführen, die möglicherweise substanzielle Veränderungen hervorbringen könnten.

Reformthemen

Die Thematisierung der Qualität von Schule und Bildung stellt sich für Japan aufgrund des oben Gesagten auf spezifische Weise dar, auch wenn man die eigene Reform durchaus im unmittelbaren Kontext jüngster weltweiter Diskussionen und Strategien im Hinblick auf die Parallelität und deren gemeinsamen Bezug auf globale Entwicklungen sieht. Hervorgehoben wurde dieser Gesichtspunkt auch in einem jüngsten Dokument des Bildungsministeriums durch den Hinweis, dass man sich auf dem G8-Gipfel 1999 in Köln zum ersten Mal in der 25jährigen Geschichte dieser Wirtschaftsgipfel vorrangig mit Bildungsfragen beschäftigt hat (MONBUSHÔ, 2000, S. 46), was man in Japan – unter anderem auch unter dem Gesichtspunkt, dass Bildung ein für den ökonomischen Wettbewerb relevantes Gut ist – ziemlich ernst nimmt. In diesem Kontext von spezifischen und allgemeinen Tendenzen und Problemen kann man die Hauptthemen der laufenden Reform kurz folgendermaßen zusammenfassen:

- Dezentralisierung / Deregulierung: Stärkung der Rolle der regionalen und lokalen Bildungsverwaltung und der einzelnen Schule selbst;
- Flexibilisierung und Individualisierung der Unterrichtsformen und -inhalte (curriculare Reformmaßnahmen);
- Anpassung an neue Entwicklungen und veränderte Qualifikationsanforderungen im persönlichen wie im gesellschaftlichen und Arbeitsleben (individualisierte Persönlichkeitsförderung, neue schulische Inhalte wie z. B. Informationstechnologie, Umwelterziehung usw.).
- Stärkung marktwirtschaftlicher Elemente und Prinzipien (Verschlankung, Sparpolitik, ökonomische Effektivierung, Accountability, Evaluierung).

Die Pläne, Empfehlungen und schon realisierten Ansätze der laufenden Reform sind so umfassend, dass eine detaillierte Behandlung den Rahmen der vorliegenden Skizze sprengen würde. Die folgende Auflistung der wichtigsten und besonders markanter Punkte der Empfehlungen des Reformrates sowie schon eingeleitete Maßnahmen soll die Hauptrichtung der Reform verdeutlichen: Einerseits geht es um die Einführung der vollen 5-Tage-Woche für das Jahr 2002 und damit das Ersetzen der bisherigen turnusmäßigen 14tägigen 5-Tage-Woche. Und andererseits geht es um eine umfassende curriculare Reform, die in der Vorschule im Jahr 2000, in der Grund- und Mittelschule im Jahr 2002 und in der Oberschule im Jahr 2003 implementiert wird. Es handelt sich übrigens um die 6. Curriculumreform für Grund- und Mittelschulen und die 7. Reform für Oberschulen seit 1945. Einzelne konkrete Maßnahmen sind:

– Die Einführung eines neuen Faches Integriertes Lernen (Sôgôteki na gakushû no jikan) in der Grundschule (Jahrgang 1–6) ab dem dritten Jahrgang im Umfang von drei Wochenstunden, in der Mittelschule (Jahrgang 7–9) im Umfang von 2–4 Wochenstunden und in der Oberschule (Jahrgang 10–12) im Umfang von 1–2 Wochenstunden. Dieses Fach, das in der curricularen Reform eine Schlüsselstellung einnimmt, soll weitgehend von der Schule (den Lehrern, den Kindern und Jugendlichen) selbst gestaltet werden. Zum einen reagiert man auf die Erfahrung, dass alle bisherigen Versuche, den Fachunterricht stärker fachübergreifend-problemorientiert und innovativ zu gestalten, sich kaum durchsetzen (verordnen) lassen. Ein schon Ende der 1970er-Jahre eingeführtes Fach „Freier Unterricht" hatte insgesamt nicht die erwünschten Ergebnisse gebracht, vor allem wohl deswegen, weil es als isolierte Maßnahme nicht gegen den Druck des von den Ober- und Hochschul-Zulassungsexamina her diktierten Lerndrucks ankam. Außerdem sind die etablierten Strukturen des Fachunterrichts, seiner didaktischen Gewohnheiten und der Interessen der Fachlehrerschaft schwer zu ändern. Ein eigenes, noch nicht etabliertes Fach dagegen scheint die Chancen eines Durchbrechens dieser starren Strukturen zu bieten. Man sieht hier insbesondere die Möglichkeit, zum Teil von Schülern und Lehrern selbstentwickelte Projekte – durchaus dem deutschen Verständnis von Projektunterricht ähnlich – durchzuführen. Inhaltliche Schwerpunkte liegen auf der Entwicklung des Bewusstseins sozialer Zusammenhänge (Internationales Verständnis, Umwelt, Gesundheit, Wohlfahrt usw.) und der modernen Technik. Ein besonderer Schwerpunkt liegt auf Informationstechnologie, „Computer-Literacy" sowie der Nutzung der Möglichkeiten des Internets. Dies wird sowohl im Hinblick auf die praktische Relevanz der neuen Technologien als moderne Qualifikationsvoraussetzung wie auch im Hinblick auf die didaktischen und pädagogischen Möglichkeiten des Lernens im Internet durch nicht vorgegebenes, individuelles, projekthaftes Lernen und daher als Stimulierung einer intrinsisch motivierten Lernbereitschaft gesehen. Last but not least soll das neue Fach dazu dienen, den Schulen Möglichkeiten einer inhaltlichen Profilierung zu geben, die das bisherige, auf Examensvorbereitung fixierte System einer rigiden Qualitätshierarchie gemessen an Testnotenergebnissen durchbricht, um Schulen und Kindern, die sich diesem Wettbewerb nicht stellen können, positive Identifikationsmöglichkeiten zu geben.

- Kürzung der Unterrichtszeit und Verlagerung besonders schwieriger Inhalte auf höhere Jahrgänge. Laut offiziellen Angaben findet eine Reduzierung der jährlichen minimalen Unterrichtsstundenzahl[5] in Grund- und Mittelschule um knapp 7 % statt. Die Unterrichtsinhalte in Grund- und Mittelschulen werden um bis zu 30 % gekürzt. Zum Beispiel werden die Behandlung von Dezimalzahlen und Brüchen vom bisher 3. auf den 4. Jahrgang und einige Teile des naturwissenschaftlichen Unterrichts der bisherigen Mittelschule in die Oberschule verschoben. In den Oberschulen wird das für eine erfolgreiche Absolvierung notwendige Minimum an Credits (Unterrichtseinheiten) von bisher 80 auf 74 reduziert. Im Japanischunterricht wird verstärktes Gewicht auf

[5] Die im Curriculum vorgegebenen Grundzeiten werden von vielen Schulen überschritten.

Lese- gegenüber der Schreibfähigkeit (der komplexen und schwierigen Schrift) gelegt. Im Fremdsprachen- (d. h. Englisch-) Unterricht werden die Schwerpunkte von der Grammatikanalyse auf kommunikative Fähigkeiten gelegt, Englisch wird Pflichtfach in der Mittelschule und kann in der Grundschule eingeführt werden.

– Aufbau schulergänzender oder schulalternativer Erziehungseinrichtungen. Unter dem Schlagwort der „Verschlankung“ oder „Verkleinerung der Schule“ geht man daran, der absoluten Dominanz der Schule als Institution, die das Leben der Kinder und Jugendlichen inhaltlich und zeitlich direkt und indirekt weitgehend bestimmt, außerschulische Institutionen und Räume entgegenzusetzen. Zumindest zu einem Teil sollen die bisherigen Aufgaben der Schule, die sich tendenziell bisher bemüht hatte, alles anzubieten, in das Segment der Marktwirtschaft verlagert werden. Die Schule wird zu einer Institution, die Grundwissen und Grundeinstellungen vermittelt, während die Aufgaben der weitergehenden Förderung individueller Interessen anderen Organisationen und Institutionen überlassen werden sollen. Kommerzielle und nichtkommerzielle Anbieter sollen sich verstärkt beim Angebot schulischer Veranstaltungen wie Projekte, Ausflüge, Reisen usw. beteiligen können. Im öffentlichen Bereich entstanden verschiedene neue Einrichtungen und Initiativen (Schullandheime, Projekte in der Landwirtschaft, Praktika für Schüler in Unternehmen und Geschäften, so genannten Child Internships usw.). Eine Schlüsselrolle sollen neben anderen kommunale Kinderzentren übernehmen, die Informationen über Aktivitäten sammeln und weitergeben sowie beraten sollen. Geplant ist eine flächendeckende Gesamtzahl von rund 1000 solcher Einrichtungen, gegenwärtig gibt es über 360 (MONBUSHÔ, 2000, S. 71). Daneben werden in Zukunft besonders verschiedene Arten von Breiten- und Jugendsportinstitutionen sowie verschiedene Formen nichtschulischer Jugendarbeit gefördert werden.

- Erweiterte Durchlässigkeit zwischen Schulformen und Schulstufen und Jahrgangsstrukturen. Es gibt Vorschläge, auch im öffentlichen Schulbereich die bisherige, in der Regel getrennte Mittel- und Oberschule verstärkt, möglicherweise generell, zu einer einheitlichen 6jährigen Sekundarschule zusammenzufassen (und einen seit Jahren sich verstärkenden entsprechenden Trend der privaten Schulen besonders in den Metropolregionen nachzuvollziehen). Damit, so das Argument, werde die Möglichkeit einer einheitlichen pädagogischen und Curriculumplanung erhöht und der Wegfall der Zulassungsprüfung für die Oberschulen würde die notorische „Examenshölle“ konterkarieren. An einigen (1999: drei) öffentlichen Schulen wurde mit der Einführung dieser Maßnahme begonnen, ob diese Reform sich aber flächendeckend durchsetzen wird, ist gegenwärtig noch nicht abzusehen. Geplant sind drei Formen von integrierten Mittelschulen: einheitliche, assoziierte und kooperative Schulen, die jeweils unterschiedliche Grade pädagogischer und administrativer Integration darstellen. In den Bereich solcher integrativer Maßnahmen gehört auch, dass sukzessive ermöglicht wird, an den Oberschulen Kurse (Credits) über die Grenzen der beiden bisherigen voneinander isolierten allgemeinen und beruflichen Zweige hinweg frei zusammenzustellen. Noch weiter geht die Einführung (bis 1999 an 266 Schulen) individueller Credit-Kurse, die von den Schülern inhaltlich und zeitlich frei zusammengestellt werden können.

- Einführung bzw. Weiterentwicklung innovativer Unterrichtsmethoden und Schulformen, z. B. das 1993 eingeführte „Team teaching“, wobei zwei Lehrer (im Englischunterricht gegebenenfalls ein Native speaker als Assistent) sich einzelnen Schülern und Gruppen stärker individuell zuwenden können. Seit 1993 wurden Initiativen gefördert, die Grund- und Mittelschulen zu sog. Nachbarschaftsschulen („Compound school facilities“) umzuwandeln. Dabei werden die Einrichtungen der Schule von der lokalen Gemeinde genutzt. Einige Schulen wurden errichtet, die auf ihrem Gelände die Schulgebäude, öffentliche Sporteinrichtungen und ein Altenheim oder eine Tagesbetreuungsstationen für ältere Bürger vereinigen, wobei gemeinsame Aktivitäten mit den Schülern (z.B. Schachklub, Basteln, Musizieren usw.) gezielt gefördert werden.

– Erweiterte Differenzierung des Unterrichts und der Prüfungen. Eine stark gewachsene Ausweitung der Wahl- und Wahlpflichtfächer in der Mittel- und Oberschule setzt einen Trend schon der in den 1980er-Jahren revidierten Curricula fort, als für die Mittelschule überhaupt erstmalig in erwähnenswertem Umfang Wahlfächer eingeführt wurden. Die Erweiterung der Differenzierung schließt auch die neue Möglichkeit eines um ein Jahr vorgezogenen Hochschulzugangs für Oberschüler mit herausragenden Schulleistungen in Mathematik und/oder Physik ein (fast ein Tabubruch gegenüber der bisherigen Betonung strikter Einheitlichkeit). 1999 waren 6 solcher Fälle registriert (MONBUSHÔ, 2000, S. 14). Auf der anderen Seite werden zusätzliche Lernangebote für Lernschwache institutionalisiert („Optional supplementary classes for slow learners"). Die verschiedenen Maßnahmen zur Diversifizierung der Ober- und Hochschulzulassungprüfungen bezieht sich auf verschiedene Formen neuer Prüfungselemente wie Essays, Interviews, Berücksichtigung von speziellen individuellen Interessenstudien, neue (Kenntnis- und Motivations-) Tests gegenüber den bisherigen Wissenstests, ferner eine verstärkte Berücksichtigung von Empfehlungen bisher besuchter Schulen („Suisen"). Seit Mitte der 1980er-Jahren stieg der Anteil der Zulassungen, bei denen eine Empfehlung eine Rolle spielte oder den Ausschlag gab von rd. 25 % auf 75 % (MONBUSHÔ, 2000, S. 11). Der Anteil der öffentlichen Hochschulen, die dieses Verfahren praktizieren, stieg zwischen 1978 und 1990 von 32,5 % auf 75 %.[6] Allerdings ist die Zahl der über dieses

[6] Japanese Government Policies, 1990, S. 79.

Verfahren zugelassenen Studenten an den öffentlichen Universitäten und Colleges bisher relativ gering.

- Die – ebenfalls umfassende – Hochschulreform hat u. a. die Zulassungsbedingungen (neben zentralen Tests gibt es hochschul- und studienfachspezifische Verfahren) diversifiziert und in diesem Zusammenhang spezielle Zulassungsmodi für bestimmte Gruppen (z. B. japanische Jugendliche, die eine Schule im Ausland besucht haben) eingeführt, die Pflichtteile des Grundstudiums zur Wahl freigegeben, die starren Übergangsvoraussetzungen in bestimmte Studienabschnitte gelockert, die Möglichkeiten des lebenslangen Studiums erweitert, ein Credit-Transfersystem eingerichtet, das den früher kaum möglichen Wechsel zwischen Universitäten erleichtert, teilweise das System des sukzessiven Studienjahrgangprinzips mit Aufrücken wie in der Schule durchbrochen. Außer der Einführung eines Evaluationssytems, das Eigen- und Fremdevaluation enthält, wurde beschlossen, die Rechtsform der öffentlichen Hochschulen in die spezieller Körperschaften (Dokuritsu gyôsei hôjin) umzuwandeln und damit ihre Autonomie, ihre Effektivität und ihre Eigenverantwortlichkeit zu erhöhen. Die genauen Modi und Auswirkungen dieser Reform, die bis 2003 Gestalt annehmen soll, sind jedoch noch nicht völlig klar.

Ausblick

Es dürfte mit der (keineswegs vollständigen) obigen Auflistung der Reformpunkte deutlich geworden sein, dass diese Reform ein komplexes, aufeinander bezogenes Vorgehen intendiert, dass das gesamte Bildungssystem erfasst und das auf ein spezifisches Verständnis von Qualität und „guter Schule" verweist. Bei vielen Punkten handelt es sich deutlich um Maßnahmen, die die Individualisierung des Lernens und der Persönlichkeitsbildung durch erweiterte Wahlmöglichkeiten fördern, die bestehende Regeln, vor allem Barrieren zwischen

Studienstufen, -zweigen oder -formen lockern, die sehr hohen Leistungsanforderungen etwas mildern und durch die Förderung nichtschulischer Aktivitäten sowohl den Erlebnishorizont der Kinder zu erweitern als auch die Verbindung zwischen Schule und Kommune zu stärken suchen. In diesem Zusammenhang ist auch die Bedeutung der sozialbetreuerischen Tätigkeit im Bereich der Jugendarbeit enorm gestiegen. Zwar gab es bisher schon postsekundäre Ausbildungen zum „Social worker“, aber erst seit kurzem gibt es zunehmend in die pädagogische Ausbildung von Universitäten integrierte sozialpädagogische Studiengänge.

Ansatzweise kann man parallel zur Stärkung fachübergreifender Tendenzen auch Aspekte einer zunehmenden Professionalisierung, d.h. einer zeitlich etwas vorgezogenen fachlichen Spezialisierung verzeichnen. Sie ergibt sich durch die erwähnten erweiterten Wahlmöglichkeiten in der Schule und durch die Neudefinierung des hochschulischen Grundstudiums, in das mehr fachspezifische Elemente eingeflossen sind (vgl.: von KOPP, 1998 und 1999). Entsprechend erhält auch das Postgraduiertenstudium (Daigakuin) den Charakter einer professionellen Ausbildung auf höchster Stufe, während es bislang in den meisten Fächern vor allem der Rekrutierung des eigenen akademischen Nachwuchses diente. Entsprechend soll das Postgraduiertenstudium quantitativ wesentlich ausgeweitet werden.

Das – ziemlich merkwürdig klingende, in Reformdokumenten benutzte – Reform-Schlagwort von der Stärkung der „Lebenskraft“, des „Zest for living“ („ikiru chikara“) verweist auf eine Diktion, die lediglich im Bezug auf den spezifischen politischen und kulturellen Kontext sinnvoll interpretierbar ist. Im Wesentlichen handelt es sich um ein nichtssagendes Schmuckwort, das vor allem bei der betroffenen Öffentlichkeit positive Assoziationen und Gefühle auslösen soll. Es ist einer „Sachkunde“ nicht unähnlich, geht über diese jedoch weit hinaus und bezieht sich auf jene spezifischen Erlebnisdefizite einer homogenen Ganztagsschule, d. h. auf die oben schon angesprochene notwendige Erweiterung des Erlebenshorizontes. All dies ist verknüpft mit der Senkung eines übermäßigen Anspruchsniveaus, das den Kindern und Jugendlichen, die Probleme mit dem Lerndruck oder andere Interessen haben, die Möglichkeit gibt, eigene Interessen zu entdecken und zu fördern und so positive Perspektiven (und „Kraft“) für die Lebensplanung zu bieten. Die „bessere“ Schule bietet demnach Folgendes: „Fostering basic abilities and skills through learning in a liberal, flexible and comfortable social life by carefully selecting and condensing the educational content for elementary and lower secondary schools in line with the reduction in class hours“ (MONBUSHÔ, 2000, S. 93).

Notwendigerweise ergibt sich hieraus auch eine neue Differenzierung des Bildungssystems, denn die Absenkung des Anspruchsniveaus in den Curricula bezieht sich lediglich auf die Minimalanforderungen. Einzelne Schulen können und werden weiterhin höhere Anforderungen stellen. Entscheidend ist demnach, ob denen, die dem höchsten akademisch orientierten Anspruchsniveau nicht genügen können oder wollen, tatsächlich positive Alternativen geboten werden. Immerhin schafft die neue Differenzierung von Unterrichts- und Prüfungsfächerwahl und Studienbedingungen hier konkrete Voraussetzungen.

Wenn auch der Erfolg aller dieser reformerischen Maßnahmen nicht allein vom Schulsystem selbst, sondern vor allem von der gesellschaftlichen Funktion von Bildung und Schulabschluss in einem Umfeld abhängt, das bisher als Gakureki-shakai, in etwa Bildungsgang-Gesellschaft, bezeichnet wird, und das eingangs unter dem Schlagwort der Macht des Faktischen angesprochen wurde, so sind die Chancen für entsprechende Änderungen gerade deswegen heute nicht schlecht, weil Gesellschaft und Beschäftigungssystem als Bezugsfelder nicht mehr dem alten stabilen „Gakureki-Ideal“ entsprechen (von der besten Schule zur besten Hochschule zur besten Firma, von der zweitbesten Oberschule zur zweitbesten Hochschule zur zweitbesten Firma usw.), und gerade in den innovativen Wirtschaftsbereichen die uniforme Anspruchsstruktur an die Schulen und Schüler längst nicht mehr aufrechterhalten wird. Demgegenüber ist aber auch nicht klar, wie genau die neuen Ansprüche aussehen und welche Chancen und Risiken sich aus dieser Unsicherheit ergeben. Chancen und Risiken gleichermaßen bietet auch die neue Differenzierung, ein Kernpunkt der Reform: Sie durchbricht die exzessive Uniformität, aber sie könnte auch, im Kontext der heutigen Ökonomisierung der Gesellschaft zu einer wachsenden Ungleichheit führen, z. B. dadurch, dass die vorhandenen Finanzmittel zunehmend in die „guten Schulen" gelenkt werden, wie auch immer „gut" dann definiert sein sollte. Jedenfalls gibt es auch offen vorgebrachte Argumente, man solle am Vorkriegs-Schulsystem anknüpfen und die gleichmacherische „Verliererkultur" des japanischen Nachkriegs-Bildungssystems endlich überwinden (OZAKI, 1999).

Viele der oben angesprochenen Reformmaßnahmen sind weder neu noch erstaunlich. Auf den ersten Blick scheint es, als würde die Reform Prinzipien verankern bzw. reformerisch „nachholen", die – wie besonders die Differenzierung von Lernwegen und die Individualisierung von Lern- und Lebensentwürfen in Europa und Nordamerika (wo sie eh in der Kultur stärker verankert sind) längst ihren Eingang in die Schulen gefunden haben –, obwohl die Einführung der Oberstufenreform, erweiterte Autonomie der Schulen usw. in Deutschland so lange auch nicht her sind. Hierzu gibt es jedenfalls zwei Anmerkungen zu machen: Erstens haben beim internationalen Vergleich von Schulsystemen die gleichen Benennungen nicht unbedingt die exakt gleichen bedeutungshaften Entsprechungen („Signifikate" in linguistischer Terminologie) und „Individualisierung", „Schulautonomie", „Differenzierung" usw. werden im japanischen Bildungssystem auch weiterhin etwas anderes meinen als im Deutschen (und dort als im Amerikanischen). Zweitens kann die Reform keineswegs durchgehend als nachholend charakterisiert werden, da Japan infrastrukturell und – wie erwähnt – leistungsmäßig (was zumindest die gegenwärtig relevante Leistungsmessung in large-scale-Vergleichen angeht) einen Vorlauf aufweist. Diese spezielle Mischung steht dafür, dass die weitere Beobachtung des japanischen Bildungssystems und seiner Reform interessant bleibt.

Literatur

HAASCH, GÜNTHER (Hrsg.): Bildung und Erziehung in Japan. Ein Handbuch zur Geschichte, Philosophie, Politik und Organisation des japanischen Bildungswesens von den Anfängen bis zur Gegenwart. Berlin 2000.

KOPP VON, BOTHO: Zeit für Schule. Japan. Köln u. a.: 1990.

KOPP VON, BOTHO: Schüler, Schule und Gewalt in Japan: Erscheinungsformen und Maßnahmen der Gegensteuerung. In: Foljanty-Jost, Gesine & Rössner, Dieter (Hrsg): Gewalt unter Jugendlichen in Deutschland und Japan. Baden-Baden 1997, S. 115–138.

KOPP VON, BOTHO: Der japanische Hochschulbereich im Umbruch: Zwischen nationaler Eigenart, amerikanischem Vorbild und Internationalisierung. In: Volker Schubert (Hrsg.): Lernkultur. Das Beispiel Japan. Weinheim 1999, S. 155–177.

KOPP VON, BOTHO: Von der nationalen Massenuniversität zum internationalisierten Regelschulbereich? Japans Hochschulsektor auf dem Weg in die globale Moderne. In: Tertium comparationis 4 (1998) 2, S. 109–139.

MONBUSHÔ / Ministry of Education, Science and Culture: Education in Japan 1990: Japanese Government Policies in Education, Science and Culture. Towards the Creation of New Structures for Higher Education. Tokyo 1990.

MONBUSHÔ / Ministry of Education, Science and Culture: Education in Japan 1994. A graphic presentation. Tokyo 1994.

MONBUSHÔ 1999: Ministry of Education, Science and Culture: Monbu tôkei yôran, Tôkyo heisei 11 (1999).

MONBUSHÔ 2000: Ministry of Education, Science and Culture: Japanese Government Policies in Education, Science, Sports and Culture 1999. Educational Reform in Progress. Toyko 2000.

ROHLEN, THOMAS, P.: Japan's High Schools. Los Angeles 1983.

SCHUBERT, VOLKER (Hrsg.): Lernkultur. Das Beispiel Japan. Weinheim 1999.

SCHÜMER, GUNDEL: Mathematikunterricht in Japan: ein Überblick über den Unterricht in öffentlichen Grund- und Mittelschulen und privaten Ergänzungsschulen. In: Schubert, V. (Hg.): Lernkultur: das Beispiel Japan. Weinheim 1999, S. 45–76

OZAKI, HISAHIKO: „On the Future of Education in Japan“, in: The Daily Yomiuri, 22.11.1999, S. 8.

WORONOFF, JON: Japan: The Coming Social Crisis. Tokyo 1982, S. 114.

Grundlagenliteratur – „Aktuelle Schulkonzepte“

ANWEILER, OSKAR u. a.: Bildungssysteme in Europa. Weinheim 1996.

AVENARIUS, HERMANN / HECKEL, HANS: Schulrechtskunde. Neuwied, Kriftel 2000.

AVENARIUS, HERRMANN / BAUMERT, JÜRGEN / DÖBERT, HANS / FÜSSEL, HANS-PETER: Schule in erweiterter Verantwortung. Neuwied, Kriftel 1998.

ARBEITSGRUPPE BILDUNGSBERICHT: Das Bildungswesen in der Bundesrepublik Deutschland. Strukturen und Entwicklungen im Überblick. Reinbek bei Hamburg 1994.

BILDUNGSKOMMISSION NRW: Zukunft der Bildung – Schule der Zukunft. Neuwied u. a. 1995.

BÖNSCH, MANFRED: Praxishandbuch gute Schule. Baltmannsweiler. 2000.

CHOTT, PETER O.: Schulkonzepte zum „Lehren des Lernens“: Analysen zur Grundlegung und zur Revision von Lehrplänen. Weiden. 1996.

DÖBERT, HANS / GEIßLER, GERT (Hrsg.): Schulautonomie in Europa. Baden-Baden 1997.

FAUSER, PETER: Wozu die Schule da ist. Eine Streitschrift. Seelze 1996.

FÜHR, CHRISTOPH: Deutsches Schulwesen seit 1945. Grundzüge und Probleme. Bonn 1996.

Führ, CHRISTOPH / FURCK, CARL-LUDWIG (Hrsg.): Handbuch der deutschen Bildungsgeschichte. München 1998.

GONSCHOREK, GERNOT / SCHNEIDER, SUSANNE: Einführung in die Schulpädagogik und die Unterrichtsplanung. Donauwörth 2000.

GÖHLICH, MICHAEL (Hrsg.): Offener Unterricht, Community education, Alternativpädagogik, Reggiopädagogik: die neuen Reformpädagogiken; Geschichte, Konzeption, Praxis. Weinheim, Basel 1997.

HAARMANN, DIETER (Hrsg.): Handbuch elementare Schulpädagogik: Handlungsfelder institutionalisierter Grund- und Allgemeinbildung in den Klassen 1 bis 10. Weinheim, Basel 1997.

HINTZ, DIETER / PÖPPEL, KARL GERHARD / REKUS, JÜRGEN: Neues schulpädagogisches Wörterbuch. Weinheim und München 1993.

JÜRGENS, EIKO: Die Grundschule: Zeitströmungen und aktuelle Entwicklungen. Baltmannsweiler 1997.

KAHLERT, JOACHIM (Hrsg.): Grundschule – sich Lernen leisten: Theorie und Praxis. Neuwied, Kriftel 2000.

LENHART, VOLKER / MARSCHELKE, EKKEHARD (Hrsg.): Einführung in die Schulpädagogik. Rheinstetten 1976.

LIKET, THEO M. E.: Freiheit und Verantwortung. Das niederländische Modell des Bildungswesens. Gütersloh 1993.

ROLFF, HANS-GÜNTER: Wandel durch Selbstorganisation. Theoretische Grundlagen und praktische Hinweise für eine bessere Schule. Weinheim, München 1993.

SEIBERT, NORBERT (Hrsg.): Problemfelder der Schulpädagogik. Bad Heilbrunn 2000.

SEIBERT, NORBERT (Hrsg.): Anspruch Schulkultur: interdisziplinäre Darstellung eines neuzeitlichen schulpädagogischen Begriffs. Bad Heilbrunn 1997.

STEFFENS, ULRICH / BARGEL, TINO: Erkundungen zur Qualität von Schule. Neuwied 1993.

Sachwortverzeichnis

Abiturprüfung III, 148, 180
Accountability VI, 38
Allgemeinbildung I, 13
Anwendungsgebundenheit III, 128
Autonomie II, 177; IV, 11
Autonomiekonzept VI, 70

Basisbildung III, 202
Betreuungseinrichtungen V, 155
Bildungsmarkt II, 133; V, 53
Berufsorientierung III, 109
Budgetierung II, 11, 12; V, 27, 28, 59

Chancengleichheit III, 184
Charter-Schulen IV, 101
Computereinsatz in der Grundschule I, 72
Cooperative Learning I, 55; II, 104
Curriculum II, 46, 49; IV, 24; VI, 70

Dezentralisierung III, 203; V, 49
Diagnostik V, 107; VI, 102
Direkte Instruktion I, 59
Disziplin III, 113
Disziplinarmaßnahmen IV, 124
Dreigliedrigkeit III, 62

Einschulung V, 75
Eltern III, 96, 166; IV, 25, 85
Erziehender Unterricht I, 10
Evaluation I, 143, 161; IV, 27; VI, 38, 73, 172
Evaluierung I, 137
Exemplarisches Lernen III, 130

Fachübergreifendes Lernen II, 44
Fachunterricht I, 14
Flexibilisierung I, 98; II, 148; III, 144; V, 43, 67, 105
Förderverein II, 36, 124
Fremdsprachenunterricht IV, 168; V, 158, 173
Frontalunterricht I, 58
Fundraising II, 27

Gemeinnützigkeit II, 38
Gesamtschulbewegung III, 67
Gestaltungskompetenz I, 22
Gesundheitsförderung IV, 33
Gewalt I, 176; IV, 124
Grundbildung VI, 179
Gutscheine II, 13; IV, 109

Halbtagsgrundschule V, 145
Hauptschulbildungsgang III, 86, 111
Hauptschulpädagogik III, 86

Individualisierung III, 144; V, 15
Integrationsformen III, 69
Integrationsprozess III, 100

Jahrgangsorientierter Unterricht V, 127
Jahrgangsübergreifender Unterricht V, 126

Kerncurriculum II, 189; V, 26
Kernfächer III, 148
Klassengröße I, 109; II, 23; IV, 120
Kohärenz II, 180; IV, 35
Kommunalisierung V, 49
Kompetenzen I, 28, 47, 59, 127; II, 182; III, 174; V, 111, 166; VI, 177
Kompetenzklassen VI, 188
Kultusministerkonferenz V, 76, 90
Kursunterricht IV, 83
Kurswahlsystem III, 134

Legasthenie VI, 101
Lehrerarbeit V, 33
Lehrerfortbildung V, 30, 31; VI, 106
Lehrerrolle III, 164
Lehrkräfte VI, 92
Lehrplanentwicklung V, 25
Leistung VI, 7
Leistungsbewertung V, 131; VI, 27
Leistungskriterien IV, 113
Leistungsmessung II, 187; VI, 12
Leistungsprinzip VI, 9
Lernsituation II, 158; III, 128; VI, 195
Lernvereinbarung II, 156

Medienerziehung I, 62, 63, 67
Medienkompetenz I, 56, 67, 73
Methodenkompetenz I, 18; II, 67
Migration III, 29
Musikalische Begabung IV, 69
Muttersprachlicher Unterricht III, 51

Netzwerke IV, 37
Neue Lernkultur VI, 134, 147

Oberstufenunterricht III, 142
Ökonomische Inhalte II, 45

Pädagogische Leitideen II, 77
pädagogische Freiheit V, 56
Partizipation IV, 36; V, 13
Partnerschulen IV, 184
Performance indicators VI, 53
Pilotschulen VI, 77
Praxislernort II, 151
Privatschulen III, 47
Profilbildung I, 96, 99; IV, 8, 180
Profilkurse IV, 120
Public-Private Partnership II, 31

Qualität der Schule I, 36, 88, 114, 154, 180; III, 74, 92; IV, 17
Qualitätssicherung I, 47, 51, 90; IV, 19; VI, 47, 133, 159

Regionale Disparitäten III, 74
Religionsunterricht III, 48

School improvement VI, 38
Schulaufsicht I, 126, 135, 144; III, 45; IV, 26; V, 30; VI, 48, 67
Schulentwicklung I, 107, IV, 14
Schülerfirma II, 57, 64
Schülerorientierung III, 103
Schulfähigkeit V, 69, 93
Schulfinanzierung II, 8
Schulformwechsler III, 90, 98
Schulforschung V, 14
Schulgesetz I, 95; V, 17; VI, 65, 91
Schulklima IV, 39, 168
Schulkonferenz V, 20

Schulleistungsstudie VI, 194
Schulleitung I, 147; II, 144; VI, 93
Schulnetz III, 22; IV 150, 173
Schulorganisation I, 128; III, 20
Schulpflicht III, 36
Schulplanung I, 129; III, 11, 22
Schulprofil VI, 139
Schulprogramm I, 136; IV 41; V, 21; VI, 69, 138
Schulrecht III, 32
Schulreformbewegung III, 65
Schulreife V, 70, 93
Schulsport IV, 55
Sommerakademie II, 110
Soziales Lernen I, 55, 69; II, 58; IV, 92; V, 132
Sozialprinzip VI, 10
Spezialschulen IV, 74
Sponsoring II, 28
Sporterziehung IV, 51
Standards III 26; V, 99, 110; VI, 92
Stundentafel II, 154; V, 24
Steuerungsmodelle V, 59

Unterstützungssystem II, 117; V, 29, 30; VI, 66

Vereinssport IV, 70
Vergleichsarbeiten VI, 73

Wiederholer IV, 130; VI, 16
Wirkungen VI, 55
Wirtschaftliche und technische Bildung III, 119

Zweigliedrigkeit III, 62

Autoren

BURKARD, CHRISTOPH, Dipl.-Päd; Dr. Päd.; von 1988 bis 1992 wissenschaftlicher Mitarbeiter am Institut für Schulentwicklungsforschung der Universität Dortmund, seit 1992 am Landesinstitut für Schule und Weiterbildung, Abteilung Lehrerfortbildung in Soest. Arbeitsgebiete: Schulprogramm und Evaluation, Qualitätsentwicklung und Qualitätssicherung von Schule, Schulmanagement.

DÖBERT, HANS, Dr. habil.; wissenschaftlicher Mitarbeiter an der Forschungsstelle Berlin des Deutschen Instituts für Internationale Pädagogische Forschung; Arbeitsschwerpunkte: Historisch- und international-vergleichende Schul- und Lehrerforschung.

ERNST, CHRISTIAN; Referent in der Senatsverwaltung für Schule, Jugend und Sport.

FÜSSEL, HANS-PETER, Prof. Dr. jur., Hochschule für öffentliche Verwaltung, Bremen; Arbeitschwerpunkte: Recht des Bildungswesens, sozialrechtliche Fragestellungen im Verhältnis zu Bildung und Ausbildung.

DE HAAN, GERHARD, Dr., Professor an der Freien Universität Berlin, Leiter der Koordinierungsstelle für das BLK-Programm „21" und Vorsitzender der Deutschen Gesellschaft für Umwelterziehung (DGU). Er beschäftigt sich konzeptionell und empirisch mit Nachhaltigkeit sowie Zukunftsfragen im Kontext kultureller Umbrüche.

HARENBERG, DOROTHEE; Studienrätin mit beruflicher Praxis in der Berliner Schule, seit 1990 auch in Beratungs- und Leitungsfunktionen in BLK-Modellversuchen zur Umweltbildung tätig. Seit 1996 Mitarbeiterin der Freien Universität, vorrangig in Projekten zur Theorie und Praxis schulischer Bildung für eine nachhaltige Entwicklung.

HÜFNER, GERHARD; Dr., Wissenschaftlicher Mitarbeiter in der Landesgeschäftsstelle des Bayerischen Lehrer- und Lehrerinnenverbands e.V.

VON KOPP, BOTHO, Dr. phil.; mehrmaliger Stipendiat der Japan Society for the Promotion of Science, seit 1982 Forschungsaufenthalte in Japan, wissenschaftlicher Mitarbeiter am Deutschen Institut für Internationale Pädagogische Forschung in Frankfurt/Main.

SPIEß, PIT; seit 1996 Referent im Pädagogischen Landesinstitut Brandenburg in Ludwigsfelde und dort verantwortlich für „Grundsatzfragen pädagogischer Schulentwicklung“ und „Qualifizierung der Schulaufsicht in Brandenburg“.

THOMA, JOACHIM, Dr. phil.; Schulrat in der Senatsverwaltung für Schule, Jugend und Sport Berlin, Referent für pädagogische Grundsatzfragen des Medieneinsatzes in der Schule, Vorsitzender der Länderseite der Gemischten Kommission (KMK/ARD/ZDF/DLR), EU-Beauftragter der KMK für Neue Medien.

WENZEL, KLAUS; Leiter eines Studienseminars und Leiter der Abteilung Schul- und Bildungspolitik im Bayerischen Lehrer- und Lehrerinnenverband e.V.

WOLLENWEBER, HORST M.A.; Staatsexamen für das Lehramt an Realschulen; Tätigkeit in der Lehreraus- und Lehrerfortbildung, seit 1980 Schulleiter an einer Realschule; Veröffentlichungen zur Schul- und Bildungspolitik, zur Geschichte des Schulwesens, insbesondere der Realschule, sowie zur Lehrerbildung und Sozialpädagogik.

Inhaltsverzeichnisse der weiteren Bände

Band II: Finanzierung und Öffnung von Schule

MANFRED WEIß:
Finanzierungsmodelle von Schulen 8

JENS-UWE BÖTTCHER:
Fundraising und Sponsoring für die Schule – Geld ist das Medium, nicht das Ziel 26

ULRIKE LEXIS:
„Wirtschaft in die Schule!" – ein innovatives Bildungsprojekt in Nordrhein-Westfalen 40

GERHARD H. DUISMANN / HELMUT MESCHENMOSER:
Schülerfirmen – ein Modell zur Förderung von Benachteiligten Jugendlichen 56

NORBERT RIXIUS:
Öffnung von Schule 73

ZITA GÖTTE:
Schule und Nachbarschaft
Das Beispiel der Koordinierungsstelle zur Gestaltung des Schullebens und Öffnung der Schule in der Stadt Solingen 96

ANNETTE CZERWANSKI:
Kooperation in Schule und Kommune – oder:
Was hat regionale Schulentwicklung in Kanada mit Deutschland zu tun? 100

VOLKER ESCH-ALSEN:
Organisationsphilosophie und Schulprofil am Beispiel der Städtischen Gesamtschule Soest 124

PETER HERRMANN / SABINE LILIENTHAL:
Stadt als Schule 147

BOB VAN DE VEN:
Die „brede school“: Ein neues pädagogisches Konzept
in den Niederlanden 161

WOLFANG MITTER:
Schulen in Europa zwischen Chancen und Grenzen . . 173

Band III: Schulen in staatlicher und freier Trägerschaft

HORST WEISHAUPT:
Die Folgen der demographischen Entwicklungen für das Schulwesen 7

LUTZ R. REUTER:
Rechtliche und pädagogische Aspekte der Beschulung von Kindern und Jugendlichen nichtdeutscher Erstsprache 29

GERHARD HECK:
Die Sekundarstufe I
Eine Bestandsaufnahme nach der Wiedervereinigung 61

DIETMAR J. BRONDER:
Hauptschulpädagogik in Deutschland 86

HORST WOLLENWEBER:
Zur Weiterentwicklung der Realschule 118

HANS-WERNER FUCHS:
Reform der gymnasialen Oberstufe 133

MATTHIAS HEINRICHS:
Die Freie Comenius-Schule, eine an der Feinet-pädagogik orientierte integrierte Gesamtschule in Darmstadt 155

DETLEF HARDORP:
Was will Waldorfpädagogik? 174

MARIA CANISIA ENGL:
Chancengerechte Mädchen- und Frauenbildung – das Beispiel des Dr.-Johanna-Decker-Gymnasiums / der Realschule, Amberg 183

BOB VAN DE VEN:
„Wem gehört die Schule?“ – Niederländische Schulen
in staatlicher und freier Trägerschaft. 200

Band IV: Schulen mit besonderem Profil

WOLFF FLEISCHER-BICKMANN:
Schulprogramm – Konzepte und Kontexte 7

AGNES RAUCAMP:
Schulentwicklung und Gesundheitsförderung 33

SERGIO ZIROLI:
Kooperation von Schule und Sportverein 49

JOHANNES MACKENSEN:
Musikbetonte Schulen in Deutschland 69

HANS-JÜRGEN LAMBRICH / WILFRIED STEINBERG:
Die Jena-Plan-Schule in Lübbenau 79

BERNHARD THOMAS STREITWIESER:
Aktuelle Entwicklungen im Schulwesen der Vereinigten Staaten von Amerika 99

EVA-MARIA HARTMANN:
UNESCO-Projektschulen, dem globalen Lernen verpflichtet, interkulturell, innovativ 139

HELGE SANDNER:
Europaschulen des Landes Sachsen-Anhalt 162

GISELA FÜHRING:
Schulpartnerschaften – Kooperation mit Schulen in der so genannten „Dritten Welt" 184

Band V: Flexibilisierung von Bildungsgängen

BERND FROMMELT:
Schulautonomie – auf dem Weg zu einem neuen Verständnis von Schulgestaltung 8

HANS DÖBERT:
„Schulautonomie" – eine Rahmenbedingung für die Flexibilisierung von Bildungsgängen? 40

DIEMUT KUCHARZ:
Flexibilisierung des Schuleintritts und Individualisierung des Schulanfangs 67

KATRIN LIEBERS:
Flexibilisierung der Schuleingangsphase zur Optimierung des Schulanfangs für alle Kinder – Schulversuch FLEX 90

ELVIRA WALDMANN:
Kleine Grundschule und jahrgangsübergreifender Unterricht – ein tragfähiger pädagogischer Ansatz 121

KARLHEINZ BURK:
Grundschule als erweiterte Halbtagsgrundschule . . . 139

MARGITTA KUTY:
Fremdsprachenlernen in der Grundschule 158

ROSEMARIE BECK:
Begegnung mit Sprachen in der Grundschule – Erfahrungen und Beispiele aus einem Brandenburgischen Modellprojekt 172

Band VI: Schule und Qualität

MATTHIAS VON SALDERN:
Schulleistung in der Diskussion 7

HERMANN PFEIFFER:
Interne und externe Evaluation von Schule 37

JÜRGEN MARKSTAHLER / GUIDO STEFFENS:
Erfahrungen zur Qualitätsentwicklung und Qualitätssicherung in Hessen: Zwei Varianten der Qualitätssorge. 63

PIT SPIEß:
Qualitätsentwicklung in der Schule – eine gemeinsame Aufgabe von Schulen und ihrer Schulaufsicht. Erfahrungsbericht aus dem BLK-Modellversuch „Selbständige Schulen und Schulaufsicht“. 88

MICHAEL BECKER:
LRS-Förderstrategie in Mecklenburg-Vorpommern . . 100

FERDINAND EDER / JOSEF THONHAUSER:
Qualitätsentwicklung und Qualitätssicherung in Schulen Österreichs 126

EDWIN RADNITZKY:
Q.I.S. – Qualität in Schulen (www.qis.at) 159

PETRA STANAT / CORDULA ARTELT:
Der Beitrag internationaler Schulleistungsstudien zur Qualitätssicherung: Das Beispiel PISA 177